A Arte de Vender Idéias

Um Guia para o Uso das Técnicas Consagradas de Vendas na Comunicação Interna das Empresas

João Lucio Neto

DVS Editora Ltda.
www.dvseditora.com.br

A Arte de Vender Idéias
Copyright © DVS Editora 2004

Todos os direitos para a língua portuguesa reservados pela editora.
Nenhuma parte dessa publicação poderá ser reproduzida, guardada pelo sistema *retrieval* ou transmitida de qualquer modo ou por qualquer outro meio, seja este eletrônico, mecânico, de fotocópia, de gravação, ou outros, sem prévia autorização, por escrito, da editora

Revisão: Ivone Andrade e Márcia Elisa Rodrigues
Produção Gráfica, Diagramação: ERJ Composição Editorial e Artes Gráficas Ltda
Design da Capa: Gustavo Pettinato Lucio
Ilustrações Internas: SPAZIO / Denis Scorsato
ISBN: 85-88329-13-1

Endereço para correspondência com o autor:
joao-lucio@uol.com.br

Dados Internacionais de Catalogação na Pubicação (CIP)
(Câmara Brasileira do Livro, SP, Brasil)

```
Lucio Neto, João
   A Arte de vender idéias : um guia para o uso
das técnicas consagradas de vendas na
comunicação interna das empresas / João Lucio
Neto. -- São Paulo : DVS Editora, 2004.


   1. Comunicação na empresa 2. Vendas I. Título.


04-7023                                    CDD-658.45
```

Índices para catálogo sistemático:
1. Comunicação interna : Empresas :
   Administração executiva   658.45
2. Empresas : Comunicação interna :
   Administração executiva   658.45

Dedicatória

Era uma vez um caipira vindo das bandas de São João da Boa Vista, na Média Mogiana, que resolveu tentar a vida na capital.

Pretensioso, meteu-se em uma empresa de computação em plena Avenida Paulista, com a idéia fixa de se transformar em um programador de computador. Extremamente tímido, esse caipira foi pego uma noite digitando no escuro, aproveitando uma nesga de luz da sala ao lado, por vergonha de perguntar onde ficava o interruptor. Introvertido e às vezes até gago, tinha uma dificuldade enorme de se expressar, até o dia em que foi desafiado pelos colegas de trabalho a dar uma aula em um curso noturno sobre sistemas operacionais. Destemido, mas ainda trêmulo e gaguejante, saiu molhado de suor dessa sua primeira experiência como "professor", apesar do frio incrível que fazia naquela noite de inverno paulistano. Metido, esse caipira aceitou o desafio de "aprender inglês", traduzindo um manual técnico para a IBM por meio de um minidicionário, que até hoje ele guarda como recordação dessa façanha, visto que o manual foi publicado. E é esse caipira que, depois de 30 anos e centenas de aulas e palestras ministradas pelo país, resolveu escrever este livro, para vender a idéia de que entende alguma coisa sobre comunicação interna nas empresas.

Assim, este livro é dedicado, com muito carinho, a todas as pessoas que duvidam que querer é poder.

Agradecimentos

Antes de mais nada, gostaria de agradecer à minha esposa, Silvana, companheira de todas as horas, que me estimulou a escrever este livro. Ela leu os originais, em suas várias etapas de preparação, oferecendo valiosas críticas e, acima de tudo, estímulo. Aliás, há 34 anos, ela me ajuda a resolver impasses com sabedoria. Juntos, aprendemos a reformular e resolver muitos dos problemas que mais nos afligiam.

Agradeço também aos professores Antonio Claudio Queiroz Santiago, Humberto Massareto e Ana Lucia Rodrigues da Silva pelas palavras de incentivo, contribuições e ensinamentos oferecidos ao longo da elaboração deste trabalho.

À Fundação Armando Alvares Penteado (FAAP), pela oportunidade oferecida para a publicação e divulgação desta obra.

Um agradecimento especial também a todos os alunos de pós-graduação que participaram das minhas aulas de "Sistemas Avançados de Comunicação Empresarial" e "Endomarketing na Comunicação Empresarial", pelas suas boas idéias, críticas, sugestões, casos e discussões a respeito desse tema, que contribuíram de maneira decisiva para a consolidação do conteúdo deste livro.

A todos, o meu reconhecimento.

Sumário

Apresentação IX

1. Comunicação é Tudo 1
   As Funções da Comunicação.................................... 5
   O Processo de Comunicação 6
   O Estresse dos Novos Tempos 8
   O Comportamento Influencia a Comunicação?................... 10
   O Modelo de Linguagem de cada Um 13
   Como Processamos as Informações 15
   As Palavras que Ajudam na Comunicação........................ 20
   O Estado de Espírito Influencia na Comunicação?.............. 27
   A Busca da Harmonia Comunicativa 30

2. A Comunicação Verbal... 33
   As Linguagens de Comunicação................................. 34
   A Vez da Voz... 38
   Cuidados com a Voz 39
   Cuidado com a Sua Dicção 41
   A Importância da Leitura na Comunicação Verbal............... 43
   O Poder da Conversação....................................... 45
   Falar em Público É Fácil? Depende 47
   Falar de Improviso É Difícil? Depende........................ 55

3. A Comunicação Escrita.. 59
   Agora, Papel e Lápis na Mão.................................. 64
   Que Tipo de Comunicador Você É? 70

4.	**A Comunicação Não-Verbal** 75
	Abra os Olhos, Eles Facilitam a Comunicação 78
	Espelho, Espelho Meu!.. 82
5.	**Uma Visão Atual da Comunicação Empresarial**..................... 87
6.	**Como Vender as Suas Idéias**.................................... 95
	A Difícil Comunicação Entre os Sexos 103
	As Leis Mentais que Regem as Nossas Atitudes 107
7.	**Usando o Endomarketing**...................................... 113
	As Bases Conceituais do Marketing Interno 117
	As Premissas do Endomarketing.................................. 123
	Usando o Marketing Interno como Estratégia de Gestão 125
	O Endomarketing na Comunicação Empresarial..................... 129
	Como Implantar o Endomarketing 132
	Como Avaliar os Resultados do Marketing Interno 137
	Um Plano de Endomarketing Passo a Passo 142
	Um Caso para Estudo 150
	A Empresa 150
	O Fato.. 151
	O Problema 151
	Diagnóstico da Situação Atual 151
	Objetivo 152
	Os Ícones de Comunicação 153
	Perfil do Público Interno 153
	A Campanha... 153
	Data de Lançamento 154
	Anexos 154
	Uma Palavra sobre as Peças de Endomarketing 156

Conclusão 161

Referências Bibliográficas...................................... 163

Apresentação

Aprendizado constante, promoção do negócio, visão global da organização, mudança de atitude, consistência e determinação para implementar um sistema transparente, esses foram os desafios que fizeram com que a "comunicação interna" se transformasse em uma ferramenta de gestão.

No momento em que a comunicação é lançada como algo determinante na condução dos processos, quebram-se paradigmas até então intocáveis. Em outras palavras, comunicar é importante e faz bem. A moderna comunicação faz do empregado uma parte indissociável do patrimônio da empresa, uma espécie de representante, sócio, parceiro, agente e relações públicas. São atitudes que se transformam em motivação, inovação, integração, qualidade total e, conseqüentemente, produtividade.

São poucas, porém, as organizações que não têm problemas de comunicação e que sabem comunicar e vender suas idéias com eficácia. O ambiente empresarial atual, no entanto, exige o desenvolvimento de uma nova mentalidade quanto à comunicação do ponto de vista prático. Gerando influências e harmonizando interesses, tanto dos funcionários como dos dirigentes, a consolidação da identidade empresarial é o fundamento básico da personalidade da organização. Essa visão solidifica o sistema de comunicação e transfere idéias positivas para o interior da equipe. É, a partir desse ponto que a comunicação interna interfere na externa, pois ela promove a integração, desperta a competitividade, incrementa a fidelização dos clientes e chega à tão sonhada diferenciação na prestação de serviços.

As organizações, de maneira geral, precisam se capacitar para formar talentos internos, com o objetivo de pavimentar seu caminho para o futuro.

Apenas os funcionários talentosos possuem o poder de gerar inovações, conteúdo e conhecimento. As organizações tradicionais, fechadas e paternalistas, de chefes disciplinadores e tiranos cuja maior ambição era se aposentar nelas, foram substituídas pelas empresas competitivas, de líderes flexíveis, que praticam uma gestão por competências. O mercado é dinâmico e a comunicação interna das organizações sofre os reflexos dessa mudança de paradigmas, deixando de lado a simples informação do que se deseja e adotando processos de vendas de idéias similares àqueles empregados na venda de produtos ou serviços.

O processo que envolve a comunicação deve respeitar algumas condições básicas. As pessoas de talento jamais estão dispostas a se esforçar por alguma coisa em que não acreditam ou com a qual não se identificam. Elas desejam se engajar em um sistema que valorize a adesão e o comprometimento. O ser humano não é resistente às mudanças, desde que saiba que elas podem significar uma nova oportunidade de crescimento. Portanto, para obter sucesso na comunicação, é fundamental que o gestor tenha conhecimento e capacidade suficientes para mobilizar os profissionais em torno de suas idéias. E isso só se consegue através das modernas técnicas de comunicação.

Sem dúvida, as transformações organizacionais alteraram de maneira significativa o cenário empresarial. A globalização impõe novos parâmetros de comportamento. Em uma época em que todos têm acesso imediato a qualquer tipo de informação, a comunicação interna das empresas assume o papel de condutora dos processos de mudanças. Cabe ao gestor criar instrumentos inovadores, inteligentes e corajosos para sustentar essas ações, a exemplo do que ocorre com os meios de comunicação.

A mudança no processo de comunicação interna vai incrementar o desenvolvimento das habilidades e conhecimentos dos profissionais; todavia, a complexidade dessa mudança provoca a necessidade de superar desafios constantes. A alta direção das empresas já percebeu que a eficácia da comunicação se tornou vital para o sucesso nos negócios e que, antes de tudo, as organizações têm de ajustar o relacionamento com seu público interno para adquirir a tão almejada vantagem competitiva, fator que alavanca novos negócios, oxigena o ambiente de trabalho e influencia os resultados finais.

Se a mudança do sistema de comunicação interna é importante para o seu negócio, então está na hora de começar a promovê-la.

A Arte de Vender Idéias mostra aos grandes líderes e suas equipes o que fazer para superar as expectativas dos seus clientes externos através da mudança do sistema de comunicação interna.

Fruto de uma extensa pesquisa bibliográfica, do contato com palestrantes e participantes em seminários e congressos sobre comunicação, de entrevistas, depoimentos e pesquisas realizadas com dirigentes e executivos de diversos tipos de organizações, somando-se a isso a minha própria experiência, colhida ao longo de 35 anos de atividades executivas e 15 anos de consultoria em empresas de diferentes portes e ramos de atividade, *A Arte de Vender Idéias* contém um conjunto de informações práticas sobre o uso de técnicas consagradas de vendas de idéias, aplicadas à melhoria do processo de comunicação interna das organizações.

O objetivo desta obra é desmistificar a comunicação empresarial, oferecendo uma série de sugestões e conselhos práticos para melhorar a venda de idéias dentro das empresas e apresentando instrumentos testados e aprovados para ajudar o leitor a fazer o que for necessário para mudar o sistema de comunicação interna. Pretende também fornecer ao executivo condições para torná-lo capaz de ouvir e compreender as outras pessoas, analisar a qualidade das informações recebidas e expressar suas idéias e decisões de modo que elimine as barreiras da comunicação, estabeleça um clima favorável entre a sua equipe e, dessa forma, favoreça as decisões e mudanças exigidas pelos tempos atuais.

A Arte de Vender Idéias vai além da teoria pura, mostrando técnicas práticas que o leitor poderá aplicar em seu trabalho diariamente.

Espero que todos tenham uma boa leitura.

João Lucio Neto

Capítulo 1

Comunicação é Tudo

Sempre alguém fala algo que não era bem o que queria dizer.
Escuta aquilo que quer ouvir e não exatamente o que foi dito.
Ou ainda, escuta, não entende e não pergunta.
Interpreta à sua moda e... seja o que Deus quiser.
(Roberto Shinyashiki)[1]

Suponha que você recebesse a seguinte incumbência: "Resumir em uma única palavra todas as funções do administrador". Qual palavra seria, em sua opinião, a mais adequada? Qual palavra seria o denominador comum de todas as funções administrativas? Naturalmente, você deve estar esperando a resposta. Entretanto, a incumbência é sua! Se você ainda não descobriu, vou ajudá-lo. Vamos até o seu escritório.

Ei-lo! O que você vê diante dos olhos? Pessoas, escrivaninhas, arquivos, aparelhos de fax, computadores, calculadoras. O que estão fazendo essas pessoas com todos esses equipamentos? Algumas estão escrevendo à mão, outras digitando, outras estão fazendo contas, outras estão recebendo papéis, lendo relatórios... Outras ainda estão dando ordens, discutindo problemas, orientando... Em resumo, uma parte das pessoas está "comunicando" e outra parte está sendo "comunicada"!

Por que comunicar e ser comunicado? Observe: quando alguém escreve alguma coisa em um pedaço de papel, essa "comunicação" pode ser:

---

1. SHINYASHIKI, Roberto T. *A revolução dos campeões*. São Paulo: Ed. Gente, 2000.

- uma informação que, depois de ser cotejada com outras, transformada, resumida, servirá para alguém tomar decisões;
- uma ordem a ser executada por outras pessoas;
- um relatório que informe as atividades do departamento e permita a avaliação de resultados;
- uma correspondência interdepartamental cujo objetivo seja, em última análise, obter a coordenação dos trabalhos entre os departamentos.

Quando alguém conversa com outra pessoa, essa "comunicação" pode ser:

- uma orientação a respeito do trabalho a ser executado;
- uma discussão sobre as alternativas para a solução de problemas;
- uma ordem verbal a ser cumprida;
- uma informação que permitirá coordenar melhor os trabalhos.

É claro que as pessoas podem conversar e escrever sobre coisas que não tenham nada a ver com suas tarefas. Faça, no entanto, uma retrospectiva e analise as razões fundamentais das comunicações dentro da empresa:

1. discutir alternativas;
2. permitir decisões;
3. obter a execução de ordens;
4. orientar o trabalho de alguém;
5. avaliar resultados;
6. permitir a coordenação das atividades.

Você consegue identificar essas seis razões básicas da comunicação na empresa? Ainda não? Então, basta você invocar os conceitos embutidos nas três funções administrativas:

- **Planejamento** – envolve a decisão entre alternativas.
- **Direção** – implica obter a execução dos planos através da orientação, liderança e motivação dos subordinados.
- **Controle** – conduz à avaliação dos resultados, tornando eficiente a coordenação das atividades.

Percebeu? Em uma só palavra, eis o denominador comum de todas as funções administrativas: a Comunicação.

No entanto, tal como tudo na vida, a comunicação é imperfeita.

Uma idéia original, para chegar ao conhecimento de outra pessoa, através da comunicação, passa, pelo menos, por duas fases: Transmissão e Recepção.

Tanto na primeira como na segunda fase, a mensagem pode ser distorcida. A idéia existe clara e límpida na mente do transmissor. Contudo, para fazê-la chegar à mente do receptor, é preciso o auxílio de instrumentos: palavras, símbolos, números etc. Ora, você consegue manter a pureza da água, transportando-a através de canos impuros? Qualquer instrumento, por mais que se aproxime da perfeição, nunca é perfeito. Por exemplo, quantos quilos você pesa? A resposta, claro, depende da balança!

Quando se tenta avaliar a perfeição de um instrumento, fala-se em "grau de precisão". Agora, procure encontrar um relógio, uma régua, uma balança, com grau de precisão igual a 100%. Você não encontrará! Da mesma forma, os instrumentos que você utiliza para transmitir idéias também são imperfeitos. O que você pode, e deve fazer, é dar-lhes um grau de precisão próximo à perfeição.

A idéia, ao ser transmitida, está sujeita à interferência das próprias condições do transmissor: ele pode ter opiniões, idéias preconcebidas ou interesses ocultos que modifiquem a idéia original. Essas mesmas condições podem existir em relação ao receptor da mensagem.

Por mais perfeita que tenha sido a transmissão, o receptor pode deturpar a idéia com seus julgamentos. Não basta que uma mensagem seja transmitida e recebida; ela deve ser retirada da memória do receptor. Como é a própria memória que seleciona as mensagens recebidas, ela tende a reter somente as informações que coincidem com as opiniões do receptor, que lhe são favoráveis ou que lhe causam algum tipo de reação.

Comunicar e ser comunicado. Eis o que as pessoas fazem nos escritórios durante oito horas por dia. Agora responda: quanto perde sua empresa por causa de comunicações deficientes?

A maior parte das dificuldades das empresas atualmente se encontra na comunicação. Problemas tecnológicos existem, mas são facilmente detectados e rapidamente solucionados. Os problemas de comunicação, no entanto, muitas vezes nem são considerados ou lembrados e são eles que estão por trás dos grandes conflitos, sabotando decisões, emperrando ações e prejudicando o cumprimento das metas.

Por não terem consciência do tamanho do desafio, as pessoas acham que as dificuldades de comunicação são problemas pequenos, irrelevantes. Passam o tempo resolvendo os "grandes problemas" da empresa, investindo grandes doses de energia, dinheiro, treinamento, atenção e preocupação nas conseqüências da comunicação ineficiente. A verdadeira causa do problema, no entanto, nem é lembrada.

A falta de comunicação ocorre por vários motivos. Quando a empresa resolve seus problemas mais grosseiros de comunicação, ela acredita cegamente que o problema deixou de existir. Não resta dúvida que, daquela maneira grosseira, ele deixou de existir. Contudo, o relacionamento humano é sempre difícil e, principalmente dentro das organizações, ele é agravado quando as pessoas, por exemplo, não sabem por que estão trabalhando ali. E, se isso não bastasse, torna-se mais complicado, ainda, quando essas mesmas pessoas acreditam que trabalhar é um mal necessário e, portanto, estão ali apenas para sobreviver, para ganhar o dinheiro no final do mês. Nesse caso, a empresa transforma-se em uma arena antiga, na qual as pessoas lutam para preservar seus espaços ou manter seus poderes e usam a guarda das informações e o controle da comunicação como armas de defesa para manter seus cargos. A empresa transforma-se em um palco de medos e intrigas.

O fato é que não há sistema de comunicação que funcione se as pessoas não estão afinadas com a missão, a visão e os valores da organização.

E tem mais: como para se comunicar basta abrir a boca, as pessoas pensam que sabem se comunicar e que entendem de comunicação. Claro, um pouco todo mundo entende. Agora entender mesmo, isso já é coisa para uma minoria. Porque não basta aprender em cursos de comunicação que "existe um receptor e um emissor" e coisas do gênero bê-á-bá da comunicação. Só isso é muito pouco. É preciso dissecar os grandes gargalos de estrangulamento da comunicação dentro da empresa. E, para isso, é preciso mexer com os paradigmas da empresa. É preciso ir além da comunicação e atualizar os paradigmas das pessoas que fazem parte da organização. Muitos padrões de comportamento precisam ser quebrados para haver fluidez na comunicação.

Essa "fluidez na comunicação" pode ser traduzida por relacionamentos saudáveis. Quanto mais as pessoas estiverem afinadas com a missão, a visão, os valores e as metas e objetivos da organização, mais a comunicação fluirá e mais a empresa será competitiva. No entanto, as empresas são compostas de pessoas e pessoas são seres mutantes, e, do ponto de vista comportamental, os problemas de comunicação nunca deixarão de existir. Por isso, o importante para a organização é ter a consciência clara desse desafio permanente e perceber que, por trás de todas as dificuldades, existe apenas uma causa: a comunicação deficiente.

No século XXI, a tendência é a de o ser humano reinar absoluto dentro das organizações; portanto, os conflitos e as dificuldades com a comunicação deverão crescer. A empresa que resolver seus problemas de comunicação com competência e velocidade ampliará seu poder no mercado. A comunicação, assim como a qualidade no atendimento ao cliente, é um assunto que nunca tem fim dentro da empresa. As empresas brasileiras já têm muita consciência da importância do aprimoramento contínuo da qualidade dos serviços. Agora, precisam tomar consciência da importância do aprimoramento contínuo da comunicação, caso queiram se manter competitivas.

As Funções da Comunicação

Antes de estudar mais detalhadamente os aspectos da comunicação, vamos ver quais as funções que a comunicação cumpre, tanto no âmbito social como no âmbito empresarial:

Contato social O objetivo da comunicação aqui é a instauração e a manutenção de relacionamentos interpessoais. No que diz respeito às entrevistas, por exemplo, essa função mostra-se determinante para a escolha do tipo de atitude que se deve assumir durante o primeiro contato com o entrevistado e na instauração de um relacionamento de longo prazo.

Informação A comunicação destina-se à transmissão de informações necessárias para enfrentar situações não familiares. A tabela de horários de trens ou de aviões e o equipamento de som utilizado para comunicar ao público as suas chegadas e partidas, por exemplo, desempenham um papel informativo.

Estímulo — Comunicar significa provocar reações nos outros, a fim de induzi-los a expressar livremente seu pensamento, contribuindo de maneira efetiva para a busca de uma solução qualquer. As perguntas abertas, formuladas para descobrir o que o interlocutor pensa a respeito de determinado assunto e para entender suas verdadeiras necessidades, cumprem exatamente essa função. Verifica-se a mesma eficácia com as perguntas orientadas, formuladas para induzir, de alguma maneira, o funcionário a expressar uma avaliação que esteja em sintonia com aquilo que o interlocutor deseja.

O Processo de Comunicação

Para entender perfeitamente a comunicação, precisamos antes falar da informação.

Levando em conta seu trajeto de mão única, a informação pode ser considerada uma transmissão linear, desde o remetente até o destinatário, em um percurso direto, sem desvios de nenhum tipo. Esse processo envolve quatro elementos principais:

Remetente — Tem como tarefa específica lançar mensagens para terceiros. Dentro do contexto empresarial, um remetente é, por exemplo, o chefe que propõe um aumento salarial ao funcionário ou a empresa que transmite uma mensagem para aqueles que puderem comprar seus produtos ou usar seus serviços.

Mensagem — Consiste na transposição das informações que se pretende transmitir em palavras. No exemplo anterior, consiste na informação do aumento salarial. No caso da empresa, seria o *slogan* ou um resumo bastante atraente dos motivos que deveriam induzir à compra.

Meio ou canal É o filtro da comunicação, o conjunto de instrumentos que o remetente utiliza para formular e transmitir a mensagem. Sua escolha pode ativar diversas categorias de comunicação: verbal, não-verbal e escrita.

Destinatário É a pessoa para quem a mensagem foi dirigida. No exemplo anterior seria o funcionário a quem é informado o aumento salarial. Num outro exemplo, poderia ser o cliente em uma situação normal de venda ou o vendedor para o qual o comprador se queixa.

O que temos até aqui é simplesmente o clássico **processo de informação**.

Para que haja realmente um Processo de Comunicação e não de simples informação, falta um elemento fundamental: o *feedback*. Esse termo denomina a informação que vai e volta, que diz ao remetente da mensagem se ela chegou a seu destino, se foi compreendida ou não e que efeito provocou.

Com a inserção do *feedback* na informação, a comunicação transforma-se em um processo sem fim, em que o remetente, enviando sua mensagem por meio de um canal de transmissão para o destinatário, só pode considerar a sua tarefa concluída ao obter qualquer *feedback* do próprio destinatário que lhe permita verificar se a informação chegou, se foi aceita e compreendida e se o comportamento do destinatário se modificou da maneira esperada.

Há algum tempo, recebi um *e-mail* relatando um "caso" que ilustra bem a importância do *feedback* para a comunicação. Consistia no seguinte:

Severino estava sentado no vaso, fazendo suas necessidades, quando ouviu do outro lado:

— Oi, tudo bem?

Severino era um sujeito que não gostava muito de conversa nesses momentos..., muito menos sem saber quem estava do outro lado, mas..., para não ser indelicado, respondeu:

— Estou ótimo!

E o outro perguntou:

— O que é que você está fazendo agora?

Mas que pergunta mais sem lógica, pensou Severino. Achou aquela situação até um pouco constrangedora, mas respondeu:

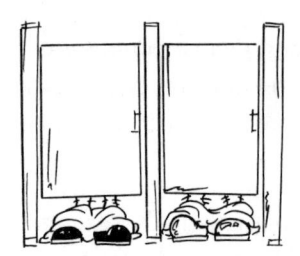

— Acho que o mesmo que você...
E, imediatamente, o outro, em resposta, perguntou:
— Hum, que legal, posso ir aí?
Na hora Severino pensou: "Ah, não, isso já foi demais", mas..., não querendo ser mal-educado, novamente respondeu:
— Não..., imagina só! Será que você não percebeu que está sendo chato e eu estou muito ocupado?!?!
Então ele ouviu do outro lado:
— Olha, eu ligo mais tarde, porque tem um idiota sentado aqui ao lado e, cada vez que eu falo, ele responde.

Isso é *feedback*, entendeu? Severino e o seu vizinho de banheiro se comunicaram!!!

O Estresse dos Novos Tempos

De um lado, estão os funcionários em busca de maior espaço para aplicar suas habilidades. Do outro, a organização que procura ser cada vez mais competitiva. Parece ideal essa parceria, não é verdade? No entanto, no dia-a-dia, as coisas não são bem assim.

Sabe por quê? O problema é que os objetivos da empresa e os dos funcionários não estão alinhados e, então, surge o inevitável conflito de interesses. O discurso das empresas é moderno, mas as pessoas que as compõem continuam agindo e reagindo segundo padrões antigos:

- os funcionários precisam de mais tempo para eles mesmos e não dedicar todo o tempo apenas ao trabalho e às tarefas profissionais;
- as chefias precisam parar de avaliar as pessoas apenas pelo desempenho na execução de suas tarefas.

Em uma empresa tradicional, se o chefe passa pela sala e vê um funcionário lendo o jornal, logo pergunta: "O que você está fazendo?". Se o funcionário responder "estou lendo o jornal", coitado dele. Dali para frente, ele será, irremediavelmente, estigmatizado.

Como resultado, a reação do funcionário é dedicar todo o seu tempo à execução de atividades rotineiras e sem maiores compromissos com a inovação, o aprendizado e a atualização. O salário no fim do mês passa a ser o objetivo maior. Em suma, é tudo o que a organização menos espera de seus colaboradores.

É necessário haver uma mudança cultural através da qual as organizações passem a gerar um tempo para as pessoas pensarem e se atualizarem. Não precisa ser um tempão – do tipo horas por dia –, apenas 15 minutos já bastam.

A história a seguir ilustra muito bem esse conceito de acomodação[2]:

Um lenhador foi procurar emprego numa madeireira e o supervisor lhe disse:

— Se você cortar 100 árvores por dia, ganhará 100 reais. A partir da centésima árvore cortada, você ganhará um bônus de 70 centavos para cada árvore que cortar a mais. Agora, se você cortar menos que 100 no dia, nós só pagaremos 80 centavos por árvore cortada.
No primeiro dia ele cortou 110 árvores e pensou: "puxa, vou faturar uma grana!". No segundo, cortou 120 e pensou: "sem dúvida, esse mês vou tirar mais de 3.000 reais!". Mas, no terceiro dia, por mais que se esforçasse, ele só cortou 95 árvores, no quarto, só 92 e, no quinto, só 90.
Desesperado, ele foi conversar com o supervisor:
— No primeiro dia, eu cortei 110 árvores, no segundo, 120 e depois minha produção foi caindo. Eu não sei o que está acontecendo.
O supervisor pensou e retrucou gentilmente:
— Meu caro, será que você tem dedicado algum tempo para afiar o seu machado?

Conclusão: as pessoas não se permitem ter um tempo para afiar os seus machados.

Essa atitude atrapalha até a construção do futuro, porque a tendência é ficar repetitivo, tarefeiro. Como é possível pensar no futuro, se passamos o dia todo resolvendo os problemas do presente? O que é, então, afiar o machado? É se dar esse tempo; é deixar de lado a rotina e buscar o pensamento criativo,

---

2. Esta história é uma adaptação do original contido no livro *Porque é importante sonhar*, de autoria de Clóvis Tavares, Ed. Gente, 1999.

inovador; é buscar novas idéias e atualização; é interromper o processo de realizações do presente para programar o futuro.

Um dos problemas é que a maioria dos funcionários continua fazendo o que sempre fez, só que mais rapidamente. E a organização acaba não percebendo isso. Vamos analisar o seguinte exemplo: em uma partida de futebol, quando dois jogadores de um time são expulsos, o que faz o técnico? Muda o sistema de jogo para que o time possa continuar vivo na partida. Se antes o time era "todo ataque", agora provavelmente vai ser "todo defesa". Nas empresas, por incrível que pareça, ocorre exatamente o contrário: se existiam 11 funcionários em um departamento e dois vão embora, a empresa continua "jogando" com o mesmo sistema, apesar de desfalcada. Se antes a empresa era "toda ataque", agora ela continua sendo "toda ataque". Qual é o jeitinho adotado? Simples: cada funcionário remanescente passa a trabalhar 22% a mais e pronto! Afinal, a empresa precisa continuar a ser competitiva, pois o mercado não quer saber se ela perdeu funcionários ou não. Certo? Errado! O recurso humano começou a ser confundido com o recurso material. Onde está o tempo para a equipe "afiar o machado"? Não é preciso analisar muito para concluir que isso é um absurdo e que é necessário rever essas idéias.

Nós precisamos buscar o equilíbrio entre a vida pessoal e a profissional. O estresse e a ausência na vida familiar em razão do excesso de trabalho começam a destruir casamentos e lares. Não existe sucesso profissional que valha o sacrifício da vida pessoal. É por isso que o equilíbrio entre a vida pessoal e a vida profissional é importante. O mundo está cada vez mais estressado e as empresas estão ofuscando o brilho das pessoas. É preciso mudar esse comportamento com urgência.

O Comportamento Influencia a Comunicação?

Para falar de comportamento, vamos recorrer à Programação Neurolingüística (PNL), que consiste em um modelo que nos permite entender a estrutura subjetiva do ser humano, com a finalidade de definir, modificar ou reproduzir qualquer aspecto comportamental.

A Programação Neurolingüística foi criada nos EUA na década de 1970 por Richard Bandler e por John Grinder, que, em 1975, publicaram o primeiro livro sobre o assunto. Bandler é matemático. Grinder é professor de lingüística e psicologia. Juntos criaram a PNL a partir de um processo chamado "modelagem".

A modelagem baseia-se na observação de determinado comportamento ou habilidade com o objetivo de codificá-lo e torná-lo disponível para qualquer pessoa. Em outras palavras, Bandler e Grinder descobriram que nossa experiência é o resultado da forma como vemos, ouvimos e sentimos as coisas, o que freqüentemente é chamado de "pensamento". Se aprendermos a pensar como outra pessoa, teremos adquirido as mesmas habilidades e obteremos os mesmos resultados que ela obtém.

Atualmente a PNL é utilizada em praticamente todas as áreas da experiência humana: na terapia, na educação, nas artes, nos esportes, em vendas, no tratamento de doenças psicossomáticas, no tratamento da AIDS, do câncer, de compulsões (comer em excesso, fumar, beber etc.).

O que vem a ser "PNL"?

P de Programação Vem da computação e diz respeito à instalação de um plano ou estratégia (um programa) em nosso sistema neurológico. Isto significa que nós condicionamos ou programamos o nosso cérebro para obter um resultado específico. Por exemplo, para aprender a dirigir um carro, inicialmente fazemos essa programação utilizando a razão e a memória; depois, com o tempo e com a prática, a habilidade de dirigir torna-se automática.

Portanto, o programa mental fornece um caminho para o nosso sistema neurológico, indicando-lhe a direção a seguir. Esse caminho é fortalecido pela prática e enfraquecido pela ausência dela. Vale ressaltar que nós possuímos programas para tudo, inclusive para nos sentirmos felizes ou tristes. Um exemplo de programa mental é a fobia (medo intenso, incontrolável, geralmente desproporcional aos elementos que o causam, como o medo de baratas, ratos, altura etc.).

N de Neuro Refere-se ao sistema nervoso, através do qual recebemos e processamos informações que nos chegam pelos cinco sentidos: visual, auditivo, táctil, olfativo e gustativo.

L de Lingüística Diz respeito à linguagem verbal e não-verbal, através da qual as informações recebidas são codificadas, organizadas e recebem significado. Inclui imagens, sons, palavras, sensações, sentimentos, sabores e odores. Simplificando, poderíamos dizer que é o meio que nos permite "traduzir" as informações recebidas.

O termo "Lingüística" está relacionado também ao modelo de linguagem que uma pessoa possui e que lhe permite interagir com o mundo exterior. Esse modelo amplia ou reduz a compreensão da pessoa em relação à realidade externa. Quando muito empobrecido, o modelo dificulta o contato com o mundo e a pessoa representará a si mesma com poucas opções para enfrentar as mais diversas situações. Isso porque nós não reagimos à realidade, mas, sim, à representação que fazemos dela.

Para exemplificar, vamos retomar a habilidade de dirigir automóveis e ver como a PNL se insere no processo:

- **Programação** – É através de um programa mental (como se fosse um aplicativo de computador) que nós passamos a dirigir o carro, de maneira automática.
- **Neuro** – É aquilo que vemos (placas de trânsito, cruzamentos, outros carros), ouvimos (sons do motor, buzinas), cheiramos (gasolina ou algo queimando) e sentimos (uma trepidação no volante, o contato do pé com a embreagem etc.).
- **Lingüística** – É o momento em que os sons, as imagens e as sensações são traduzidos para que tenham significado para nós e nos permitam interagir com o carro, o trânsito, as pessoas na rua etc. enquanto dirigimos.

Dessa forma, um som estridente é automaticamente reconhecido como o som de uma buzina e isso nos lembra que buzinas são usadas para alertar alguém. Essas associações ocorrem rapidamente e, em geral, não as percebemos nessa seqüência. .

O Modelo de Linguagem de Cada Um[3]

Todos nós possuímos um modelo de linguagem que nos permite interagir com o mundo.

Nesse caso, "linguagem" quer dizer tudo o que utilizamos para representar uma experiência: imagens, sons, palavras, sensações, sentimentos. Não há como pensar em algo sem recorrer a, pelo menos, um dos elementos citados. Por exemplo, a palavra "sorvete" nos traz a imagem que fazemos de determinado tipo de sorvete, talvez a lembrança do seu sabor e até do gosto da cobertura ou da cor da sua embalagem.

Todavia, a linguagem não é a experiência, mas uma representação da experiência, assim como um mapa não é o território que ele representa. Na condição de seres humanos, sempre vivenciamos somente o mapa e não o território. Isso quer dizer que nós não reagimos às coisas em si, mas às representações que fazemos delas.

Vejamos, por exemplo, o caso dos aborígines da Austrália: eles possuem em seu idioma cerca de vinte palavras diferentes para designar areia – segundo a textura, tipos, solos do deserto onde se encontram etc. Para a maioria dos outros povos, a palavra "areia" representa uma única coisa: areia. Para os aborígines da Austrália, no entanto, o fato de eles possuírem palavras diferentes para a areia significa que são capazes de fazer distinções muito sutis entre os tipos de areia, o que lhes permite agir com um número maior de escolhas em seu mundo[4].

Vejamos outro exemplo: duas pessoas foram recusadas para uma vaga em uma empresa. A primeira justificou o fato, dizendo "realmente eu tenho de reconhecer minha incapacidade, falta de experiência e inadequação para esse cargo. Vou tentar algo mais fácil". A segunda justificou o mesmo fato, dizendo "isso já está se tornando corriqueiro, ou seja, eu não fui escolhido por estar superqualificado para esse cargo. Vou tentar algo mais avançado". Nenhuma das duas sabe o real motivo pelo qual foi recusada, mas cada uma delas represen-

---
3. Nelly Beatriz M. P. Penteado, psicoterapeuta com experiência na condução de grupos de crescimento pessoal e psicoterapia, dinâmicas de grupo, grupos de orientação de pais, psicoterapia individual, familiar e de casais, especializada em programação neurolingüística (*practitioner* e *master practitioner*) pela Sociedade Brasileira de PNL. Disponível em: <www.geocities.com/nellypenteado/03metano.htm>.
4. MORGAN, Marlo. *Mensagem do outro lado do mundo*. Rio de Janeiro: Ed. Rocco, 1995.

tou a recusa a seu modo, de acordo com o seu "mapa mental", que é produto de experiências, emoções e aprendizagens passadas.

Esses dois exemplos simples mostram que um mapa mental amplia ou reduz as possibilidades de alguém. As pessoas formam seus mapas mentais a partir de suas experiências de vida. Sendo assim, se não é possível mudar os fatos, a Programação Neurolingüística nos ensina como mudar a experiência subjetiva, a representação que as pessoas têm do mundo e de si mesmas. Isso é possível através do Metamodelo de Linguagem, que vai reconectar a linguagem à experiência e buscar a mensagem oculta que diz respeito a crenças que existem por trás das palavras e frases.

Retomemos o exemplo da primeira pessoa que foi recusada para o emprego e imaginemos que ela tenha dito: "Eu fui rejeitada porque sempre fico com medo nessas situações".

Alguém experiente no uso do Metamodelo de Linguagem perceberia que existem lacunas, representadas por omissões, generalizações e distorções, na frase do emissor que provavelmente não as percebe de maneira consciente. As informações suprimidas poderiam ser recuperadas com perguntas como: "Você tem medo do quê?" "Você sempre fica com medo?" "Em algumas dessas ocasiões você não sentiu medo?" "Então você acredita que se não sentisse medo, não seria recusado?" e assim por diante.

À medida que a pessoa é questionada, o seu mapa mental vai assumindo outras características, pois ela se sente obrigada a completá-lo, a preencher as suas lacunas e atualizá-lo. Como conseqüência, ela passará a ter um outro tipo de representação, que, por sua vez, levará a um comportamento diferente.

Para empregar corretamente o Metamodelo de Linguagem, é preciso perguntar o quê, como e quem, em resposta à comunicação do emissor, para podermos nos encaixar no mapa mental dele.

Assim, se alguém nos diz: "Meus filhos me aborrecem", não é possível formar um quadro completo da situação. É necessário perguntar "o que o aborrece em seus filhos? como especificamente seus filhos o aborrecem? qual dos seus filhos o aborrece mais?" Agora sim, com essas respostas, já é possível formar uma idéia precisa da situação. Por outro lado, se assumirmos que conhecemos o significado preciso do termo "aborrecem", com base apenas em nossa experiência, então, na verdade, estaremos ajustando a situação ao nosso modelo mental, e não ao modelo mental que ela nos mostra.

Lembramos que o objetivo do Metamodelo de Linguagem é reconectar a representação à experiência, o que equivale a dar nome às coisas e aos fatos. Ao questionarmos, por exemplo, a palavra "medo", procuramos reconectar a palavra (ou seja, a representação) à experiência real de sentir medo. Imaginando que as palavras são como pastas de um imenso arquivo de experiências, podemos concluir que há pessoas que arquivam, na pasta "medo", experiências que, segundo o nosso mapa mental, seriam mais bem arquivadas em outras pastas.

Como Processamos as Informações

Todos nós recebemos informações do mundo através dos cinco sentidos: visão, audição, paladar, tato e olfato. A informação recebida precisa ser processada internamente e ser representada. Esse processo é individual, personalizado, o que equivale a dizer que duas pessoas representarão um mesmo fato de maneiras diferentes.

Isto acontece porque há três processos envolvidos na representação de qualquer informação:

1. **Omissão** – ocorre quando omitimos parte da informação recebida. É a omissão que, por exemplo, nos permite prestar atenção ao que uma pessoa está dizendo e ignorar todos os demais sons existentes em um local de muitos ruídos. Ou, então, quando estamos bem-humorados ou interessados em uma reportagem no rádio do carro e não prestamos atenção às pequenas contrariedades daquele momento, como, por exemplo, o trânsito lento.
2. **Distorção** – é o que ocorre nos casos de mal-entendidos, em que uma pessoa diz ter feito algo que foi percebido de modo diferente por outra pessoa. Ou também nas chamadas "fofocas", em que um fato é aumentado ou deturpado.
3. **Generalização** – é a tendência que temos de generalizar uma informação a outros contextos. É a generalização, por exemplo, que nos permite aprender a guiar um tipo de automóvel e, a partir dessa aprendizagem, generalizar para qualquer tipo de carro.

A generalização também ocorre nos casos de preconceito. Por exemplo, se uma pessoa teve uma experiência negativa com um indivíduo de determinada etnia, religião ou nacionalidade, poderá generalizar essa situação e acreditar que todos os indivíduos da mesma etnia, religião ou nacionalidade agem dessa forma ou são iguais.

Feita essa análise dos três processos envolvidos na representação das informações, podemos entender melhor por que duas pessoas representam um mesmo fato de maneiras diferentes.

Sendo assim, depois de todas essas considerações, vamos falar de duas regrinhas que regem os processos de comunicação:

- **REGRA nº 1 – "As pessoas sempre reagem à forma como os fatos são apresentados e nunca aos fatos em si"**

  Convidamos você a resgatar alguma experiência que lhe dá prazer, como, por exemplo, saborear determinado tipo de alimento. Ao analisar minuciosamente por que você gosta desse alimento, perceberá que ele traz imagens que lhe são atraentes, tais como uma cor acentuada, um brilho ou, ainda, uma sensação da consistência, do contato do alimento com a boca, do cheiro, e que possivelmente poderão ser associadas a emoções como felicidade, aconchego, alegria, festa etc.

  Tudo isso (imagem, associações com alegria, etc.) é representação. É da representação que você gosta e não propriamente do alimento. Você já deve ter observado que, enquanto você adora esse alimento, outras pessoas o detestam. Por que isso acontece? Você já sabe: é porque a representação que elas têm do alimento em questão é bem diferente da sua. Se elas aprenderem a representá-lo da mesma forma que você, passarão a gostar dele!

  Não é por acaso que os comerciais exploram esses aspectos em larga escala. Em geral, eles contêm apelos aos cinco sentidos e associações a sentimentos de paz, sucesso, felicidade, etc. Nós aprendemos por repetição e rapidez. Portanto, uma associação feita rapidamente e repetidas vezes, como é o caso da propaganda, tende a se estabelecer em nosso sistema neurológico de modo marcante. Trata-se de um condicionamento.

  A seguinte história ilustra bem essa idéia:

Havia um cego que pedia esmola à entrada do Viaduto do Chá, em São Paulo. Ele trazia pendurado no pescoço um cartaz com a frase:

> CEGO DE NASCIMENTO.
> UMA ESMOLA POR FAVOR

Todos os dias passava por ele, de manhã e à noite, um publicitário que deixava sempre alguns centavos no chapéu do pedinte. Certa manhã, o publicitário teve uma idéia, pediu licença para o cego, virou o letreiro ao contrário e escreveu outra frase. À noite, depois de um dia de trabalho, perguntou ao cego como é que tinha sido seu dia.

O cego respondeu, muito contente:

— Até parece mentira, mas hoje foi um dia extraordinário. Todos que passavam por mim deixavam alguma coisa. Afinal, o que é que o senhor escreveu no cartaz?

O publicitário explicou que havia escrito uma frase breve, mas com sentido e carga emotiva suficientes para convencer os que passavam a deixar algo para ele. A frase era:

> EM BREVE CHEGARÁ A PRIMAVERA
> E EU NÃO PODEREI VÊ-LA.
> AJUDE-ME

Na maioria das vezes, não importa "o que" você diga, mas "como" vai dizer; por isso, tome cuidado ao falar com as pessoas, pois a forma como você fala tem um peso, positivo ou negativo, dependendo de quem está ouvindo. Lembrando sempre que é o ouvinte quem decide se quer ouvir e ser motivado. Sendo assim, não importa o que você informou, importa o que o outro entendeu. Portanto, se alguém não entendeu o que você informou, você é que não teve sucesso na comunicação.

Dessa forma, fica fácil explicar por que, para muitos estudiosos da comunicação, a informação é a matéria-prima do fato em si. A comunicação é a forma pela qual vamos transmitir essa informação e, ser for bem feita, garantirá, como retorno, a credibilidade. É aí que reside o segredo do sucesso, exatamente nesse "como dizer". E essa é a magia da boa comunicação.

- **REGRA nº 2 – "O que importa não é a experiência em si, mas a crença gerada a partir dela"**

  As pessoas formam seus mapas mentais com base nas experiências vividas. Dessa forma, há experiências marcantes em nossas vidas que são capazes de influenciar nossas atitudes.

  Tomemos, por exemplo, o caso de duas crianças ridicularizadas na escola por terem errado um exercício na lousa. A primeira associa a experiência a uma grande carga de emoção (vergonha, humilhação, incapacidade), representando a situação à sua maneira (talvez com imagens dos colegas rindo, com o som de suas gargalhadas mais alto do que o som ouvido na realidade, etc.). Já a outra criança talvez nem se lembre do fato depois de certo tempo e não lhe atribua maior importância. O que faz a diferença aqui é a maneira pela qual cada criança representa a situação, o tipo de "etiqueta" que ela coloca ao organizar seu arquivo de lembranças.

  Como já dissemos, é à representação que reagimos e não ao fato real e, nessa representação, entram os processos de omissão, distorção e generalização. Portanto, é provável que a primeira criança tenha omitido dados da experiência, distorcido outros e generalizado o ocorrido para todas as situações em que venha a se expor à opinião alheia, formando, assim, uma "impressão psicológica".

  A "impressão psicológica" ocorre quando uma pessoa passa por uma experiência significativa, à qual associa uma forte emoção e, em razão dela, forma uma crença, ou seja, passa a acreditar no significado que ela atribuiu à experiência ou nas conclusões a que chegou partindo dessa emoção.

  O conceito de "impressão psicológica" foi proposto por Konrad Lorenz[5], que estudou o com-

---

5. Zoólogo austríaco, Konrad Lorenz foi o fundador do estudo comparativo do comportamento humano e animal, uma nova área de estudos científicos com profundas implicações para à humanidade. Pelas suas descobertas, recebeu o prêmio Nobel de Fisiologia em 1973. Segundo ele, o comportamento do homem é fundamentalmente semelhante aos dos outros animais e está sujeito às mesmas leis causais da natureza.

portamento dos patos no instante em que saíam do ovo. Nesse momento, eles imprimiam psicologicamente a figura materna em qualquer coisa que se movesse ou estivesse perto; desse modo, o eleito pelos patinhos passava a ser seguido e se tornava a mãe deles.

Lorenz verificou que os patinhos imprimiram em seus cérebros a imagem das botas que ele usava no momento em que saíram do ovo. Os patinhos passaram, então, a segui-lo como se ele (ou melhor, as botas) fosse a mãe deles. Ele até tentou apresentar os patinhos à "mãe-pata", mas eles simplesmente a ignoraram e continuaram a segui-lo.

Lorenz acreditava que as impressões ocorriam em momentos importantes do desenvolvimento neurológico e que não era possível alterá-las posteriormente.

Mais tarde, Timothy Leary[6] estudou o fenômeno da "impressão psicológica" nos seres humanos e descobriu que eles possuem um sistema nervoso mais sofisticado que o dos patos e, por esse motivo, o conteúdo das impressões psicológicas poderia ser reprogramado. Leary descobriu que essas impressões ocorridas nesses períodos críticos do desenvolvimento das pessoas geravam crenças básicas que moldavam a personalidade e a inteligência delas – por exemplo: crenças sobre as ligações sentimentais, o bem-estar, a destreza intelectual, o papel social etc.

As impressões psicológicas podem ser:
- **experiências positivas** – que geram crenças úteis; ou
- **experiências traumáticas** – que conduzem a crenças limitantes. Na maioria das vezes, elas incluem pessoas que, inconscientemente, podem ter servido de modelo. A diferença entre uma experiência traumática e uma fobia é que, na experiência traumática, associa-se uma

---

6. Doutor em Psicologia, Timothy Leary lecionou e desenvolveu pesquisas sobre o cérebro e a mente humana em universidades americanas, como Berkeley e Harvard. No ano de 1960, em férias no México, um amigo antropólogo lhe ofereceu alguns cogumelos alucinógenos, dos quais ele já tinha ouvido falar. Tim experimentou-os esperando que eles pudessem ser a chave da transformação psicológica e ficou pasmo com a experiência. Foi como se, de repente, tivesse espiado pelas cortinas e descoberto que o nosso mundo – tão real e concreto – era na verdade uma construção mental. Nos anos 80, fascinado pelos computadores, Leary criou *softwares* de *design*, continuou escrevendo livros e fazendo conferências. Embora o seu tópico principal agora fosse tecnologia, ele ainda era reconhecido como o guru do LSD dos anos 60. Timothy Leary faleceu em 31 de maio de 1996, aos 75 anos. Logo em seguida, de acordo com o seu desejo, sua cabeça foi retirada do corpo e congelada...

crença à lembrança de uma experiência vivida – eu sou: fraco, feio, azarado, incapaz, etc. Já a fobia aparece como um medo imotivado, ilógico e especificamente orientado para determinado objeto ou situação, acompanhado de intensa ansiedade.

A técnica da reprogramação desenvolvida por Leary e bastante utilizada pela PNL com o nome de "reimpressão" ou *reimprint* parte da crença atual como forma de guiar a pessoa de volta ao passado até o momento em que ela passou pela experiência que gerou a impressão psicológica. Essa é uma forma de regressão em que, ao contrário de outras abordagens terapêuticas, a pessoa permanece consciente, ou seja, com total controle da situação. De volta ao fato, a pessoa pode descobrir o que ela e os demais envolvidos poderiam ter feito naquela época para que ela não se sentisse daquela maneira.

É evidente que, através dessa regressão, a pessoa não poderá apagar os fatos que compõem a sua história, mas poderá mudar seu ponto de vista a respeito deles. Seria como reviver aquela experiência, só que agora levando consigo toda a vivência e os recursos obtidos ao longo dos anos.

As Palavras que Ajudam na Comunicação

Quando falamos ou pensamos, usamos, inconscientemente, uma porção de verbos, advérbios e adjetivos, chamados "predicados" ou "palavras processuais", que indicam como estamos pensando, ou seja, se estamos vendo imagens mentais, ouvindo diálogos mentais ou fazendo representações mentais de certas sensações.

Imagine as seguintes situações:

1. O Dorival o encontra na rua e começa a falar da noiva: "Cara, acho que as coisas estão ficando **pretas** para mim. Desde que eu **vi** a Narinha usando aquela minissaia **azul** e aquele *top* **amarelo** decotado para se encontrar com um traficante naquela boate **escura**, dizendo que era para **observar** o comportamento dele, eu estou perdendo o **gosto** pela vida, pois fiquei com a **sensação** de que ela se engraçou pelo sujeito. Deixei de ser um cara **brilhante** e o meu futuro parece muito **sombrio**, pois acho que isso está **cheirando** a traição. Eu já **vi** esse **filme** antes com a Marly, **lembra** dela? A situação para mim está

clara, você também não **vê** assim?" Ah, em tempo, a Narinha é investigadora de polícia.

2. O Sandoval, no escritório, se queixa da mulher: "Desde que **ouvi** minha mulher **telefonar** para o guarda da rua, que, por sinal, é um **fofoqueiro**, e ficar num "**blábláblá**" interminável, **cochichando** sem parar, eu comecei a ficar mais **calado** do que já sou, e passo o dia **dizendo** pra mim mesmo que nosso casamento está perdendo o **ritmo**. A **conversa** dela já não **ressoa** como antes e já não temos a antiga **harmonia**. O que você me **diz**? Ei, você está me **ouvindo**? Você entende o que eu estou **dizendo**? Por que você continua em **silêncio**? Pô, meu, pelo menos **fale** alguma coisa".

3. O Odirlei puxa conversa com você no clube e comenta sobre a filha: "Sabe, minha cabeça começou a **girar** quando a Gerusa ficou toda **melosa**, se **jogando** nos braços daquele pivete **nojento** na última festa que fomos. Isso não me **cheira** bem. **Sente** o drama, eu todo **conservador**, vendo minha filha se **enroscar** com um sujeito que **fede** bueiro. Não sei se eu estou sendo muito **amargo**, mas sinto um **peso** enorme no peito, pois não consigo me **desligar** desses **sentimentos**. **Sentiu** o meu drama? É por isso que eu não me **sinto confortável** quando estou em casa, já que é no **aconchego** do lar que a Gerusa insiste em dizer que eu sou um pai **careta** e **bloqueado**".

Notou a diferença? No primeiro exemplo, o Dorival usou palavras processuais predominantemente visuais, no segundo exemplo, o Sandoval usou palavras auditivas e, no terceiro exemplo, o Odirlei usou palavras processuais puramente cinestésicas (exprimindo sensações físicas e emoções).

Enquanto você lê este texto, provavelmente deve estar prestando atenção aos sons à sua volta, à temperatura do ambiente, às letras utilizadas neste texto, ao gosto em sua boca ou à qualidade do ar que está respirando. Também é bem provável que você só tenha prestado atenção a cada aspecto que foi sendo sugerido na frase anterior e que antes disso não estivesse atento a nenhum deles. Por que isso ocorre? Porque não prestamos atenção a tudo que nos cerca e, se o fazemos, não é o tempo todo. Nós selecionamos a parte da experiência que nos interessa em determinado momento e omitimos o resto. E essa seleção é determinada por nossas capacidades sensoriais, motivações atuais e aprendizagens ocorridas ao longo da vida.

Se estamos atentos, por exemplo, a um jogo de futebol na TV, é provável que não prestemos atenção aos demais sons existentes no ambiente, mesmo que o som seja de alguém nos perguntando algo. Isso ocorre porque, naquele instante, nossa motivação dirige e concentra nossa atenção para o andamento da partida de futebol.

Se a mãe diz para a criança: "Amo você, meu filho", mas com uma expressão agressiva, cerrando os dentes e os punhos, em qual das duas mensagens a criança vai acreditar? É bem provável que ela dê mais atenção à parte visual da experiência, que confie mais no que vê e menos no que ouve e leve consigo essa aprendizagem para o resto da vida.

É dessa forma que as pessoas aprendem a privilegiar a parte visual, auditiva ou cinestésica da experiência. E é aí que as palavras processuais assumem importância fundamental na comunicação entre as pessoas. Como ouvintes, podemos discernir qual a parte da experiência da pessoa que está sendo representada em sua linguagem verbal, prestando atenção às palavras processuais (adjetivos, verbos e advérbios empregados na fala).

A tabela a seguir contém alguns exemplos de palavras processuais.

Visuais	Auditivas	Cinestésicas	Inespecíficas
aparência	barulho	aconchegante	"sacar"
brilhante	boato	bloqueio	acreditar
claro	comentário	cheiro	aprender
imagem	dizer	confortável	decidir
luz	estalo	doce	detalhe
obscuro	explicar	gosto	estimular
observar	falar	macio	estudar
ponto de vista	ouvir	pesado	igualar
quadro	perguntar	sensação	pensar
ver	tom	sentir	saber

Tomemos o seguinte diálogo entre um vendedor de carros e um cliente:

Cliente: Eu quero comprar um carro usado, mas que tenha aquele **cheiro gostoso** de carro novo, que seja **confortável**. O interior deve ser **aconchegante**, onde eu me **sinta** muito bem, e que seja **macio** para dirigir.

Vendedor: Pois não, senhor. Acabo de ter uma idéia **brilhante**. Eu **imagino** que o senhor gostaria muito de um carro de **estilo jovem**, como este aqui. **Veja** que linda **cor**. **Observe** os detalhes do acabamento. É **claro** que, do **ponto de vista** financeiro, o senhor vai **ver** vantagens **enormes**, pois é um carro usado com **aparência** de novo.

É bastante provável que a venda não se efetue. É como se o cliente e o vendedor estivessem falando línguas diferentes. O cliente fala empregando palavras processuais que indicam que ele acessa sua experiência cinestesicamente ("confortável", "sinta", "macio", etc.) e também que privilegia critérios cinestésicos ao comprar um carro. Já o vendedor responde utilizando palavras processuais visuais ("brilhante", "imagino", "estilo jovem", "veja", "cor", etc.). O cliente está pedindo uma coisa e o vendedor está lhe mostrando outra.

Como você pode notar, embora exista uma única língua básica, que é o português, existem outras três ocultas em qualquer contato verbal. Na verdade, há ainda uma quarta língua, a inespecífica, que não permite determinar em que canal a pessoa está pensando. O fato é que, se a outra pessoa estiver falando a linguagem visual e você responder na linguagem cinestésica, auditiva ou inespecífica, a comunicação não terá sucesso.

Isso acontece também entre casais. Se a mulher faz uso predominantemente do canal sensorial auditivo e o homem, do visual, ela poderá se queixar: "Meu marido não me ama. Ele nunca **diz** que me ama". E, nesse caso, o marido não diz porque, para ele, não é importante dizer, mas mostrar **visualmente** que ama a esposa, talvez a levando para passear ou trazendo-lhe flores. O marido poderá ter a mesma queixa em relação à esposa porque ela não demonstra visualmente que o ama. Para o marido, não é importante que ela diga, mas que mostre que o ama – talvez adornando o lar com flores ou recepcionando-o com a bebida de sua preferência, cuidando de sua própria aparência ou preparando-lhe pratos que sejam visualmente atraentes.

O uso habitual de uma categoria de palavras processuais em detrimento de outra é indicativo de que a pessoa emprega um sistema sensorial com maior freqüência do que os outros. Nesse caso, a pessoa perceberá o mundo predominantemente através desse sistema.

Existem pessoas tão visuais que são capazes de falar durante horas sobre um almoço empregando apenas palavras visuais (falando sobre a beleza dos pratos, da louça, dos talheres, etc.). Existem pessoas tão cinestésicas que estão sempre dizendo: "Eu sinto... Tenho a sensação de que...". Geralmente são pessoas que gostam de tocar nas demais, gostam de abraçar. Já as pessoas predominantemente auditivas dizem muito: "E então eu disse... Daí ele falou... Eu não falei que isto...".

E você? Já descobriu qual é o seu canal predominante? Ou você é uma das raras pessoas que utilizam com equilíbrio os canais sensoriais?

Que tal fazer um exercício de comunicação só para demonstrar como isso influi no entendimento das pessoas em relação à sua forma de transmitir informações:

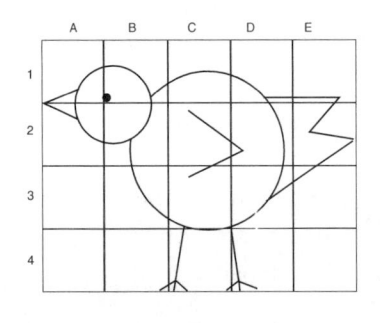

Peça para o colega ao lado desenhar aquilo que você vai descrever para ele. Agora, olhe a figura ao lado, mas não mostre a ele.

Você não poderá dizer o que a figura mostra (uma ave, um pássaro, etc.) ou o que ele deverá desenhar (bico, cabeça, corpo, patas, rabo). Procure apenas fazê-lo desenhar o que só você está vendo (por exemplo, círculos menores e maiores, ponto, linhas paralelas). Não o corrija. Ou melhor, procure não olhar o que ele está desenhando. Apenas vá pedindo para ele construir. Combinado? Vamos tentar?

Ao final do exercício veja o que foi desenhado e mostre para o seu colega o que era para ser desenhado. Certamente vocês vão se divertir muito com as suas trapalhadas de comunicação (tanto de entendimento como de transmissão). Esse é o retrato da sua capacidade de transmissão das informações para as outras pessoas.

Diante de tudo isso, por que, então, saber qual o sistema sensorial predominante de uma pessoa? A utilidade está diretamente relacionada à capacidade de se relacionar com alguém de modo eficaz. Significa saber falar a mesma língua" que o outro. Significa saber compreender e se fazer compreendido.

O ideal seria que nós tivéssemos todos os canais sensoriais igualmente desenvolvidos, através do uso equilibrado das palavras processuais, sem que houvesse predomínio de uma classe sobre outra. Em geral, não é isso que ocorre com a maioria das pessoas. Entretanto, é uma habilidade que pode ser desenvolvida. Para isso, sugerimos as seguintes experiências:

- Reserve um dia da semana para treinar cada canal sensorial. Por exemplo, às segundas-feiras, treine seu olfato. Nesse dia, esteja disposto a ampliar sua capacidade olfativa, sentindo e relatando verbalmente o maior número possível de odores. Às terças-feiras, faça o mesmo com o paladar. Às quartas-feiras, faça isso com os canais cinestésicos (sensações: quente, frio, áspero). Às quintas-feiras, treine sua audição e às sextas-feiras, treine a visão. Aos sábados e domingos, não precisa treinar, pois ninguém é de ferro.
- Treine a identificação de palavras processuais assistindo a programas de entrevistas na TV. Observe o que acontece quando o entrevistado está utilizando palavras processuais auditivas e o entrevistador lhe pergunta algo com palavras processuais visuais. Muitas discussões ocorrem porque as pessoas não percebem que estão utilizando canais sensoriais diferentes.
- Para saber qual é o seu canal sensorial predominante, conte as palavras processuais que você utiliza ao escrever um texto neutro, ou seja, um texto que não se refira especificamente a experiências apenas visuais (sobre fotografia, por exemplo), auditivas (sobre um concerto) ou cinestésicas (sobre a comida do seu restaurante favorito).

Agora, se você não está muito preocupado em se fazer entender e quiser manter a pose quando tiver de falar em público, aqui vai uma dica bem-humorada e muito interessante:

Philip Broughton[7], um funcionário americano, observou, durante anos seguidos, que só fazia carreira em Washington quem falasse empoladamente. O funcionário, de qualquer categoria, que optasse pela simplicidade na comunicação era sumariamente relegado à posição inferior.

Então, Broughton teve a idéia de criar uma relação de palavras-chave a serem usadas na conversação a fim de converter homens frustrados em indivíduos de sucesso.

São 30 palavras, agrupadas em 3 colunas, com numeração de 0 a 9 em cada coluna.

COLUNA 1	COLUNA 2	COLUNA 3
0. Programação	0. Funcional	0. Sistemática
1. Estratégia	1. Operacional	1. Integrada
2. Mobilidade	2. Dimensional	2. Equilibrada
3. Planificação	3. Transacional	3. Totalizada
4. Dinâmica	4. Estrutural	4. Presumida
5. Flexibilidade	5. Global	5. Balanceada
6. Implementação	6. Direcional	6. Coordenada
7. Instrumentação	7. Opcional	7. Combinada
8. Retroação	8. Central	8. Estabilizada
9. Projeção	9. Logística	9. Paralela

O método é o seguinte: escolhe-se, ao acaso, um número qualquer de três algarismos e se busca a palavra correspondente a cada algarismo em cada uma das três colunas.

Exemplos:
– o número 316 produz "planificação operacional coordenada".
– o número 999 produz "projeção logística paralela".

Qualquer uma delas pode ser usada em conversas, com indiscutível autoridade.

---

7. Em 1968, a revista *Newsweek* publicou *How to Win at Wordsmanship*, um pequeno artigo bem-humorado descrevendo pela primeira vez o *Systematic Buzz Phrase Projector*, uma técnica desenvolvida por Philip Broughton, então com 63 anos de idade, que trabalhava no Serviço de Saúde Pública dos EUA, para criar frases que impressionam o ouvinte, mas não têm nenhum significado real. Para obter mais detalhes sobre esse método, consulte o *site* www.acronymfinder.com/buzzgen.asp.

Segundo o inventor da fórmula, ninguém fará a mais remota idéia do que foi dito, mas não admitirá tal fato, e, o que é mais importante, as frases soam maravilhosamente bem e a pessoa será considerada brilhante e eloqüente!!!

O Estado de Espírito Influencia na Comunicação?

Você já passou pela experiência de estar em um daqueles dias em que tudo é bonito, as pessoas são gentis e você é feliz? E por um daqueles dias em que nada dá certo, e você tem a impressão de que "acordou com o pé esquerdo"? Note que você é a mesma pessoa nas duas situações. A diferença está no seu "estado interno", que também chamamos de "estado de espírito".

Na maioria das vezes, nosso estado interno altera-se de maneira automática, sem nenhum controle consciente. Quer ver um exemplo? Você já percebeu como muda o seu estado de espírito quando vê uma pessoa de quem não gosta? Se você estava alegre, pronto: imediatamente aquela alegria é interrompida e dá lugar a um estado interno de raiva inconsciente.

Você já deve ter ouvido falar da "síndrome do Fantástico". Ocorre à noite e sempre aos domingos. As pessoas estão conversando animadamente e, então, ouvem a música de abertura do Fantástico. Para muitas pessoas, esse é o anúncio oficial do final do domingo e do início de uma nova semana, com toda a sua rotina de compromissos, atividades e problemas a serem resolvidos. Imediatamente, algumas param de conversar e ficam pensativas e outras, desanimadas. Esse é um exemplo tácito de como um estímulo externo (a música do Fantástico) é capaz de alterar o estado de espírito das pessoas.

Quer ver mais dois exemplos?

- Uma garota foi a uma festa e se divertiu muito durante quatro horas. No último minuto da festa, alguém derruba um copo de vinho em sua roupa e ela sai arrasada. Quando chega em casa e a mãe pergunta se a festa foi agradável, ela responde que não, que foi uma porcaria. Notou? Um minuto foi o suficiente para acabar com a representação interna formada em quatro horas de muita diversão e mudar o estado interno de alguém que estava se divertindo para um estado arrasador.
- A esposa espera pelo marido à noite. Ele está atrasado. Ela está tranqüila e despreocupada, por isso o atraso do marido não a preocupa. Em

sua representação, ela o imagina trabalhando. Toca o telefone. É um amigo procurando o marido. Agora, o estado de espírito da esposa sofre uma mudança. Por que o amigo ligou para casa e não para o escritório? É porque ele não o encontrou lá? Pronto: agora o estado interno é de preocupação e desconfiança. Sua representação do atraso do marido já passa a incluir um caso extraconjugal. Ela já o imagina com outra mulher, o que a deixa ainda mais desconfiada. Quando o marido chega, ela discute com ele e lhe pergunta: "Onde você esteve?" Notou? Um simples telefonema foi o suficiente para acabar com a representação interna formada em anos de convivência e mudar o estado interno de alguém que estava tranqüila e despreocupada para um estado de desconfiança e preocupação.

Portanto, nossa representação dos fatos determina o estado interno em que nos encontramos .

Por que esse tipo de conhecimento é importante, se o nosso assunto é comunicação? Simples, a maior utilidade para esse conhecimento está relacionada àquilo que se convencionou chamar de "estados de capacidade e de incapacidade". Quando uma pessoa vai realizar algo e acredita que é incapaz de fazê-lo, ela entra no "estado interno de ser incapaz" e seu organismo responde prontamente, ou seja, o cérebro envia um comando às partes do corpo envolvidas na ação, como se ela realmente fosse incapaz.

Como exemplo, podemos citar o caso de um jogador de basquete incumbido de executar um lance livre para a cesta. Se ele se considera incapaz de ter sucesso, seu cérebro obedece a essa ordem e envia um comando para seus músculos, que executam a cobrança como se ele fosse, de fato, um incapaz. Sendo assim, ele não vai fazer a cesta.

Com base na análise dos estados internos das pessoas, descobriu-se que, para um equilibrista ter sucesso ao andar em uma corda bamba, é necessário que ele tenha apenas uma coisa em mente: a imagem de si mesmo andando com sucesso. Se ele tiver ao mesmo tempo duas imagens, uma de capacidade e a outra de incapacidade, ou seja, o sucesso concorrendo com o fracasso, provavelmente cairá, porque seu cérebro não saberá qual das representações internas realizar.

A dúvida atrapalha nossos objetivos, porque é como se ela nos colocasse diante de dois caminhos. Portanto, "quer você acredite que pode realizar algo, quer acredite que não pode, de qualquer forma você está certo".

Nossa fisiologia também influencia nossas representações internas. Quer ver um rápido exemplo? A fome, que é um estado interno causado por condições fisiológicas, faz com que você represente todos os alimentos encontrados na sua frente, naquele instante, como muito mais saborosos do que na verdade são. Portanto, não é recomendável fazer compras no supermercado quando se está com fome.

Para uma pessoa alcançar seus objetivos, é necessário que ela focalize sempre a situação positiva e não a negativa daquilo, ou seja, deve representar o que quer e não o que não quer. Está comprovado que o cérebro reage mais rapidamente às representações positivas do que às negativas.

Existem pessoas que afirmam que não querem ser pobres, não querem ser depressivas, não querem ser inseguras, não querem ser gordas etc. Com esse tipo de afirmação ("não quero..."), fornecem ao cérebro a imagem do que querem que não aconteça (e é esse "o que querem" que acabam obtendo). Para que nosso cérebro possa entender e processar uma informação como "eu não quero ser pobre", ele primeiro necessita de uma imagem do que se quer ("ser pobre") para então negá-la ("não aconteça").

Portanto, é melhor nos dirigirmos diretamente às coisas que queremos. Por exemplo, "eu quero ser feliz, eu quero emagrecer, eu quero ser forte, quero ser confiante etc." e, no caso das ordens, "feche a porta, puxe o freio de mão, segure firme etc".

Cada estado interno corresponde a uma fisionomia observável. As pessoas que se conhecem, conseguem identificar o estado interno uma da outra, pela simples observação da sua fisionomia. Treinando esse tipo de observação, seremos capazes de verificar que a linguagem não-verbal (os gestos, a postura, o tom e ritmo da voz, a respiração etc.) informa muito mais do que a verbal (aquilo que está sendo dito).

Imagine alguém falando "eu estou muito feliz", mas com uma expressão melancólica, ombros para frente e olhos para baixo. Nesse caso, há ou não há uma incongruência entre a linguagem verbal e a não-verbal? O fato é que as pessoas dão mais crédito à linguagem não-verbal do que à verbal. Percebeu a importância disso para o processo de comunicação?

Rememorando tudo o que foi dito sobre as representações internas e como elas causam estados internos, me vem à lembrança aquela velha história que muitos de nós tão bem conhecemos:

> Um homem andava por uma estrada deserta quando o pneu de seu carro furou. Como ele não tinha macaco para trocar o pneu, pôs-se a caminhar pela estrada a fim de procurar alguém que pudesse ajudá-lo. Avistou uma casa no alto de um morro e para lá se dirigiu.
>
> Enquanto caminhava, começou a pensar: "E se o dono da casa não me atender?" "E se ele achar que eu sou um assaltante?" "E se ele for grosseiro comigo?" "E se ele me bater a porta na cara?". Quando ele finalmente chegou lá, bateu na porta e pensou: "Além de mal-educado, ele vai querer cobrar pelo empréstimo do macaco!" Nisso um senhor abriu a porta e, com um amável sorriso, disse-lhe:
>
> — Pois não, em que posso ajudá-lo?
>
> O homem então respondeu, visivelmente transtornado:
>
> — Pode ficar com a porcaria deste macaco porque eu não o quero mais.
>
> E foi embora.

Conclusão: inúmeras vezes nos comportamos como se nossas representações internas fossem reais; entretanto, a maioria delas não é.

A Busca da Harmonia Comunicativa

Você já passou pela experiência de estar ao lado de outra pessoa e se sentir em perfeita harmonia a ponto de se esquecer, por um momento, do lugar onde está, do horário, de tudo o mais. Já, não é verdade? Confesse.

Veja o casal aí ao lado, conversando à mesa de um restaurante. Ambos parecem completamente absortos, como se houvessem se desligado de tudo. Eles adotam, inclusive, a mesma postura corporal (ambos estão inclinados para a frente, braços apoiados sobre a mesa, apresentando a mesma expressão fisionômica). Se pudéssemos ouvi-los, provavelmente estariam falando com o mesmo tom de voz, o mesmo ritmo e palavras semelhantes. Há tanta sincronia entre eles que temos a impressão de que, se um mudar a postura ou a voz, o outro também vai mudar, como que por reflexo. É como se eles fossem o espelho um do outro. Paquera? Azaração? Que nada!

A esse tipo de situação dá-se o nome de *rapport*, palavra francesa que significa concordância, afinidade, analogia.

O *rapport* consiste inicialmente em um processo de espelhamento, em refletir a outra pessoa em seus vários aspectos, como postura, gestos, voz etc. Não é uma simples imitação, mas, sim, o reflexo sutil daquelas comunicações inconscientes verbais e não-verbais.

Exemplos mais corriqueiros de *rapport* incluem vestir-se e comportar-se de maneira formal num tribunal ou num velório e de maneira informal na praia ou no clube. Muito mais do que uma simples prática de boas maneiras, esses exemplos nos mostram que, se quisermos estar integrados ao lugar e às pessoas que o freqüentam, é necessário que nos igualemos a elas, ou seja, que nos espelhemos nelas.

Normalmente, nos sentimos mais à vontade quando em contato com pessoas que agem e falam de maneira igual à nossa. À medida que uma pessoa se esforça para espelhar-se no comportamento da pessoa com quem fala, esta última terá a sensação de ser aceita, considerada e compreendida. É dessa forma, através do *rapport*, que se conquista a confiança, o respeito e a simpatia de alguém.

As técnicas de *rapport* muitas vezes são utilizadas por pessoas cujo único interesse é convencer alguém para obter alguma vantagem. É o caso de alguns políticos em época de campanha eleitoral, quando imitam comportamentos e costumes dos eleitores na tentativa de convencê-los de que são como eles e, assim, obter seus votos.

Alguns aspectos do comportamento de uma pessoa que podem ser espelhados são: a postura corporal, os gestos, o ritmo respiratório, as expressões faciais, os padrões de entonação, a cadência e o ritmo da voz e as palavras mais utilizadas. Além desses aspectos, podemos ainda nos espelhar nas palavras processuais (visuais, auditivas e cinestésicas) e no estado de espírito da pessoa (feliz, triste, preocupada). Jamais devemos nos espelhar nos cacoetes e nas deficiências físicas.

Como são muitas as formas de espelhamento, sugiro que você pratique uma forma de cada vez e, à medida que for adquirindo prática, acrescente outros, até que o *rapport* passe a ser uma habilidade automática e quase inconsciente – mesmo porque você sempre poderá acioná-la conscientemente quando precisar dela. Como? Vejamos.

Na primeira parte do *rapport*, acompanhe a pessoa através do espelhamento e, na segunda parte, procure conduzi-la a concordar com a sua opinião, a aceitar um novo ponto de vista sobre determinado assunto, a mudar seu estado de espírito (por exemplo, de desinteressado para interessado, de preocupado para tranqüilo etc.).

Cuidado! Não adianta tentar conduzir alguém sem antes acompanhá-lo. Por exemplo, se uma pessoa estiver triste e você se aproximar dela com o firme propósito de animá-la "na marra", falando alto e esbanjando alegria, não causará o efeito desejado. Pode ser que a pessoa se sinta pior ou até agredida com tanta animação. Mais adequado seria, em um primeiro instante, estabelecer o *rapport* com ela, espelhando o estado de espírito dela, sua postura, seu tom de voz, sua expressão etc. É como se você demonstrasse reconhecer e respeitar o que ela está sentindo. Só isso, às vezes, já é suficiente para que essa pessoa se sinta melhor (há quem diga que ouvir é tudo o que uma pessoa com problemas espera que a outra faça). Depois de estabelecido o *rapport*, poderemos então começar a conduzi-la, suavemente, para um outro estado interno, ou seja, para um estado de ânimo e de alegria.

Vamos, então, analisar um pouco mais de perto as questões relativas à comunicação verbal. Pegue um café (ou um chá, se preferir) e vamos para o próximo capítulo.

Capítulo 2

A Comunicação Verbal

Antes que os problemas apareçam, antes de tentar avaliar e prescrever, antes de apresentar suas próprias idéias, procure compreender. Quando procuramos compreender real e profundamente uns aos outros, abrimos as portas para soluções criativas e terceiras alternativas. Nossas diferenças deixam de ser obstáculos para a comunicação e o progresso.
Stephen R. Covey[1]

Existem várias formas de você se comunicar. A dúvida, no entanto, é sempre esta: escrever ou falar?

Algumas vantagens da comunicação verbal são desvantagens da comunicação escrita e vice-versa. Portanto, antes de escolher, considere:

Comunicação	
Verbal	**Escrita**
É mais fácil de realizar, pois requer menos esforço do transmissor.	O transmissor tem um tempo maior para pensar e, assim, comunicar-se melhor.
Permite imediata verificação das reações provocadas.	Pode ser conferida para sanar mal-entendidos.

---

1. COVEY, Stephen R. *Os 7 hábitos compactos das pessoas altamente eficazes – confiança:* compartilhe idéias, *insights* e percepções. São Paulo: Ed. Negócio, 2003.

Comunicação	
Verbal	**Escrita**
Em certos casos, é mais persuasiva, pois é acompanhada de entonações, gestos e expressões.	Evidencia a responsabilidade do transmissor, pois ele se identifica perante todos os que lerem a mensagem.
É mais rápida para comunicações individuais.	É mais rápida para atingir um grande número de pessoas que estão em locais distantes.
Permite soluções mais rápidas, já que os interlocutores podem se esclarecer mútua e imediatamente.	Facilita a retenção das informações, pois pode ser consultada a qualquer momento.
Evita burocracia.	Formaliza a comunicação.

Entre as comunicações escritas, você ainda poderá escolher desde um simples "recado" até os manuais administrativos, relatórios mecanizados, formulários ou memorandos – nomes que são dados aos veículos certos, de acordo com as circunstâncias. Por exemplo, comunicações formais exigem veículos formais; comunicações informais exigem veículos informais e assim por diante.

As Linguagens De Comunicação[2]

Televisão a cabo na sala, no quarto (e às vezes até na cozinha), rádio no carro, *discman* durante a caminhada matinal, *outdoors* espalhados pelas principais ruas e avenidas da cidade, mensagens por *telemarketing*, folhetos promocionais em cada cruzamento, o carteiro entregando malas-diretas, o porteiro do prédio trazendo os jornais e revistas diariamente, fax de promoções em lojas consumindo bobinas de papel no escritório, a bela moça no supermercado insistindo para que se prove um pedacinho de chocolate, convites para seminários de gestão empresarial e grandes eventos planejados por profissionais de relações públicas, papéis deixados no pára-brisa do automóvel, e-mails chegando a todo instante... Socorro! Parece que os comunicólogos não se cansam de estu-

---

2. Esse texto foi adaptado dos excelentes artigos *PNL como ferramenta na comunicação*, de Gilberto Craidy Cury para a revista Young, edição de janeiro de 1997, e *Comunicação, magia do verbo*, de Christina Elizabeth Daltro para a Revista Espírita Allan Kardec, edição de maio/junho de 1991.

dar novas maneiras de nos atingir, para que "compremos" uma idéia, freqüentemos um evento ou consumamos um produto.

Como diria meu amigo e eminente professor de Marketing de Serviços, Claudio Queiroz: "Marketing é tudo!". Segundo ele, é função do profissional de qualquer área saber atrair o interesse do público para o seu trabalho. E eu ousaria complementar, dizendo que o ato de escrever ou falar do próprio trabalho é uma forma de resgatar a lembrança de realizações pessoais e profissionais.

É inegável que a revolução tecnológica dá tons dramáticos aos desafios da comunicação. Entretanto, neste início de século, acentua-se a falta de comunicação entre as pessoas. De um lado, a informação massificada pela tecnologia eletrônica, atingindo a todos indiscriminadamente, e, do outro, a vertente pessoal, em ritmo descendente, fazendo com que as pessoas se comuniquem cada vez menos.

Em uma pesquisa realizada em 1970 na Universidade da Califórnia, o psicólogo Albert Mehrabian[3] concluiu que o poder de influência da comunicação verbal do homem está segmentado da seguinte forma:

- as palavras representam apenas 7% da nossa capacidade de convencimento;
- a voz expressa (volume, entonação, pronúncia), isto é, a forma como as palavras são ditas, representa 38% dessa capacidade;
- a linguagem não-verbal (expressão facial, olhar, emoção, vestimenta, postura, atitude), ou seja, a fisionomia da pessoa ao expressar essas palavras representa 55% desse poder de influência.

Através do poder de influência, podemos, então, transmitir lógica, conhecimento, ponto de vista, forma de pensar, senso de humor, poder de persuasão etc. Esse conjunto de fatores pode formar a auto-imagem de uma pessoa. A pesquisa do Dr. Mehrabian foi repetida por diversas universidades em todo o mundo e os resultados obtidos confirmaram sua tese.

---

3. MEHRABIAN, Albert. *Silent messages*. Belmont, Ca: Wadsworth Publishing Company, January 1971. Professor emérito da Universidade da Califórnia, o doutor Mehrabian é mundialmente conhecido pelo seu trabalho pioneiro no campo da comunicação não-verbal e da linguagem corporal.

Um dos fatores que distinguem um comunicador brilhante de outro medíocre é o uso que ele faz da linguagem para conseguir seus objetivos.

Diante da vida agitada, confusa e cheia de obrigações que predomina nos dias atuais, a tendência é ficarmos na "defensiva", prevenidos contra tudo e contra todos, temendo qualquer coisa que ameace a nossa segurança. Com isso, vamos nos afastando e nos isolando e, assim, reduzimos lamentavelmente nosso contato com os outros. As pessoas se fecham, procuram não demonstrar as suas emoções e sentimentos e não exteriorizam seus temores e aflições, deixando, portanto, de utilizar o poderoso meio da palavra para se comunicar. E isso vale também em relação à nossa família, aos nossos amigos, aos nossos clientes, a qualquer um.

As conseqüências da comunicação deficiente são: isolamento (silêncio, tristeza), pensamentos negativos (oh dia, oh vida), ações precipitadas, indução aos vícios (para amenizar as tensões e contrariedades), tendência à agressão etc.

Não devemos nos esquecer de que a comunicação é um ato normal e necessário das pessoas. Jovens e velhos, sadios e doentes, ricos e pobres, palmeirenses ou corintianos, instruídos ou incultos, todos temos necessidade de estar em contato com os outros, permutando valores, trocando experiências e simpatias, entendendo-nos diante dos problemas da vida e, acima de tudo, ajudando-nos mutuamente a resolvê-los.

Precisamos entender também que existem boas regras de comunicação, cujo conhecimento está ao alcance de todos. Basta aplicá-las:

Regras para uma Boa Comunicação

Não interromper o interlocutor	Existe um consenso entre as pessoas educadas que é de péssimo gosto interromper quem está falando, mesmo com os usuais "com licença" e "perdão". A pessoa que está com a palavra é que deve saber quando se calar para poder ouvir a opinião do outro.
Evite falar só sobre si mesmo	Quem quer ter a si próprio como centro de todas as atenções torna-se antipático e petulante.
Evite as conversas de um único tema	Por exemplo, tem gente que só sabe falar sobre negócios. Nós todos devemos exercitar a capacidade

	de diversificar nosso campo de interesse para poder perceber também os interesses dos outros.
Cuidado com os temas polêmicos	Ao falar sobre política, religião, futebol, gostos pessoais, cuidado para não ser inconveniente nem faltar com o respeito às convicções alheias.
Mantenha uma conversa equilibrada	Conversa equilibrada é aquela em que ambas as partes falam e ouvem alternadamente, em proporção mais ou menos equivalente.
Evite os comentários sobre doenças	Quando necessário, procure falar sempre em tom animador.
Seja objetivo naquilo que fala	Respeite o tempo de quem ouve. Na narração de casos, evite os detalhes dispensáveis, como, por exemplo, deter-se para procurar lembrar de nomes ou de datas precisas, quando isso nada acrescenta ao interesse da narrativa.
Evite os excessos de gestos	Evite também movimentar muito o corpo, bem como as gargalhadas ruidosas.
Evite o uso excessivo de gírias	Embora muitos usem gírias até de maneira engraçada, se você preza sua imagem e relacionamento, evite usá-las com freqüência. Para você ter uma idéia de como isso pode afetar o processo de venda de idéias, cito um exemplo tirado de um fórum de debates pela Internet. Por motivos éticos, estou omitindo o nome do autor:

Parece que o pessoal da geeklândia quer começar a se mexer para fazer um cliente no estilo do *Audiogalaxy* para a rede do Gnutella. Eu acho ótimo esse lero, apesar de não saber escrever uma linha de código de qualquer tipo, mas se os *brothers* quiserem ajuda na criação da arquitetura de informação da interface, estamos aí. O *KazzaLite* é bem passavelzinho, mas faltam várias features que o *Audiogalaxy* tinha. Também acho que não é uma questão de dar um *look* na próxima onda, mas de se construir algo novo, baseado na maravilha que o falecido programinha era e dar mais um tanto de dor de cabeça pros malas da gringolândia, que acham que música e cultura são tão monopólios deles como a *Moco$hoff* acha que o *Windows* é um sistema operacional. Como diz o outro: existem 10 tipos de *brothers*, os que entendem aritmética binária e os que não entendem.

Entendeu?

Essas simples normas de conduta devem ser observadas por quem deseja cultivar os seus relacionamentos. Não é necessário "falar bonito" ou "chamar a atenção" para impressionar os outros. Basta falar bem e comunicar-se com simplicidade, fazendo da sinceridade um requisito básico do diálogo, porém sempre procurando evitar que a sua franqueza e a falta de segurança sejam motivo de indelicadeza com o interlocutor.

A Vez da Voz

A voz não é somente o som produzido pelas cordas vocais. Pela voz transmitimos também a emoção, damos sentimentos à palavra falada através da modulação, do ritmo, da melodia da fala, da entonação e da ênfase. São aspectos que, além da expressão facial e da postura corporal, complementam a compreensão da mensagem.

A voz é a expressão da pessoa, com suas influências internas e externas. Transmitir uma mensagem com sentimento e emoção em determinado momento é um processo complexo, cujo trabalho de reeducação nas disfonias exige que conheçamos não somente as técnicas de produção vocal, mas também a atitude comportamental do ser humano.

Nesse processo, a respiração é o motor de arranque da voz e, por conseguinte, da comunicação verbal. A respiração é o termômetro dos sentimentos. E, mais do que isso, a respiração regula as emoções, pois, se ela está controlada, mais fácil se torna controlar e exteriorizar o pensamento.

Procure se observar quando está agitado: o coração bate mais rapidamente à medida que aumenta o temor por algo. A respiração fica opressiva, curta e acelerada. A transpiração aumenta e as mãos tornam-se frias. Para normalizar essa situação, é preciso fazer exercícios de respiração. Tanto a inspiração quanto a expiração devem ser executadas pelo nariz. Faça um teste: tente agora mesmo inspirar e expirar calma e profundamente, uma, duas, três vezes...

Observe-se novamente: agora seu coração está calmo e sereno e você já pode se expressar com calma, e tranqüilidade. Você se percebe vitorioso, feliz e relaxado. A transpiração passou, as mãos tornaram a se aquecer e a sua respiração se normalizou. Bendita respiração!

O segredo de uma boa respiração é saber inspirar corretamente. Existem três tipos de inspiração:

- **clavicular** – que é feita erguendo-se as clavículas. É defeituosa, insuficiente, principalmente para ler em público ou falar em uma reunião;
- **intercostal** – consegue-se através de uma dilatação lateral das costas. Já é bem melhor, pois fornece mais ar aos pulmões;
- **abdominal** – chamada também de profunda. É executada pelo movimento do diafragma. É a forma de inspiração que fornece a maior quantidade de ar aos pulmões.

No dia-a-dia, quando nos sentimos nervosos ou quando temos de enfrentar situações difíceis, devemos exercitar a inspiração profunda, silenciosamente.

Cuidados com a Voz[4]

O homem utiliza a palavra para se comunicar com seus semelhantes. Ela é ainda a mais importante forma de comunicação entre os seres humanos. No entanto, para que nos comuniquemos bem, é necessário que tenhamos uma voz clara, mesmo que não seja bonita. Uma voz agradável é o resultado de uma personalidade agradável. A voz mostra o nosso íntimo, o nosso pensamento, a nossa cultura, o nosso temperamento e o nosso controle.

---

4. Fonte: ALVES, Vida; ALVES, Thais. *Arte da comunicação*. São Paulo: apostila do curso, 1988.

Existem pessoas que têm a voz perfeita (são as chamadas "vozes de ouro") e há as que, não a tendo perfeita, conseguem torná-la suave e agradável (são as chamadas "vozes de veludo"). Creio que você conheça vários exemplos, na TV, no rádio ou na música.

E a sua voz, como é? Por mais que nos pareça estranho, essa pergunta deveria ser feita e respondida por todos, pois a voz é constantemente relegada a segundo plano por homens e mulheres, desconhecedores de sua importância no ato de encantar e cativar outro ser humano.

Algumas dicas para melhorar a sua voz:

- Quando estiver diante de um grupo, seja ele grande ou pequeno, fale com calma e pausadamente.;
- Quando se sentir nervoso, respire fundo e fale mais lentamente que o normal.
- Faça exercícios para aumentar seu fôlego. Lembra-se do que vimos antes? Para ter uma boa voz, a respiração é tudo. Aqui vão três sugestões:

  1. Com as mãos na cintura, flexione o tronco e inspire profundamente, contando mentalmente até 10. Então vamos lá: 1-2-3-4-5-6-7-8-9-10. Agora solte a respiração e conte até 50, de um fôlego só, em voz alta. Vamos lá: 1-2-3-4... 49-50.

  2. Com as mãos na cintura, flexione o tronco e inspire profundamente, contando mentalmente até 15. Vamos lá: 1-2-3...14-15. A seguir, contenha a inspiração por 5 segundos. Agora expire, com a boca bem aberta, emitindo o som de "MÉÉÉÉÉ" (imitando um cabrito).

  3. Com as mãos na cintura, flexione o tronco e inspire profundamente, contando mentalmente até 15. Vamos lá: 1-2-3...14-15. Em seguida, contenha a inspiração por 5 segundos. Agora expire, com a boca bem aberta, emitindo o som de "AaAaAa" (imitando o Tarzã).

Você já notou que a nossa voz se assemelha a um instrumento musical? Ela tem uma extensão, apresentando um tom médio, um agudo e um grave. Para medir os tons da sua voz, sugiro o seguinte exercício:

- Faça de conta que você encontrou com um amigo e o cumprimenta com toda naturalidade, dizendo: "Bom dia, como vai você?". Esse é o registro médio da sua voz.
- Agora, faça de conta que você está indo pela rua, ao fim da tarde, quando cai um aguaceiro terrível. Não há onde se abrigar. Do outro lado da rua, passa um táxi e então você grita desesperadamente: "Táxi". Essa chamada é o registro agudo da sua voz.
- Por fim, imagine-se ao lado da pessoa que você ama e diga com toda a ternura: "Meu amor". Percebeu a vibração de sua voz no peito? Esse é o registro grave da sua voz.

Cuidado com a Sua Dicção

Para se comunicar com perfeição, além de respirar bem, é preciso que você articule corretamente as palavras. Para isso, sugiro que você faça diariamente alguns dos seguintes exercícios:

Diga alto e repetidamente as seguintes frases:

1. O rato roeu a roupa do rei de Roma.
    - Seiscentos e sessenta seixos somam a sensacional seixada do Seixas.
    - Blanche brandiu o braço, bradando e blaterando: "Sois blatóides".
    - Platão e os platônicos plantaram planos, com a placença de planejadores pasmos.
    - O prato preferido do príncipe e da princesa plebéia é o profiterolis.
2. Agora conte:
    - 1 tigre, 2 tigres, 3 tigres, 4 tigres, 5 tigres, 6 tigres, 7 tigres, 8 tigres, 9 tigres, 10 tigres.
3. Vamos alimentar os tigres? Então diga:
    - Traga 1 prato de trigo para 1 tigre, 2 pratos de trigo para 2 tigres e 3 pratos de trigo para 3 tigres.

4. Diga alto e repetidamente as seguintes frases:
   - O sábio centenário assistiu à sessão sem se cansar.
   - O sírio chamou o servo que se aproximou silencioso para saber do acontecido.
   - Cecília cessou de dançar ao saber que sua sobrinha saíra sem dar satisfação.
   - O cheiro de chá da China chilreando na chaleira é chamariz para o chato do Xisto.
   - Não sei se é fato ou se é fita. Não sei se é fita ou se é fato. O fato é que ele me fita. Me fita mesmo de fato.
   - Vozes veladas, veludosas vozes, volúpias dos violões, vozes veladas, vagam nos velhos vórtices velozes dos ventos, vivas, vãs, vulcanizadas.
5. Repita os exercícios anteriores segurando um lápis atravessado na boca com os dentes.
6. Agora, repita esses exercícios com uma bala na boca.

Há pessoas que se julgam entendidas sobre o uso da voz, mas deveriam permanecer em silêncio para não propagar **conceitos falsos** como estes:

Quem muito grita pode arrebentar as cordas vocais	Tá bom. Se isso fosse verdade minha vizinha já estaria muda! As cordas vocais nunca arrebentam, deixando as pessoas mudas. Quem força muito a garganta pode, isso sim, ficar rouco de cansaço ou, a longo prazo, desenvolver calos nas cordas vocais.
O único mal do cigarro, para a voz, é diminuir o fôlego	A fumaça do cigarro aumenta a quantidade de muco nas cordas e isso altera a voz.
Um gole de bebida alcoólica aquece a garganta e ajuda a voz a sair mais facilmente	Que horror! O álcool não traz benefício nenhum à voz. Além disso, é um dos principais causadores de câncer de laringe.
Mel e limão ajudam a curar a rouquidão	Isso já está parecendo conversa de bêbado! Essa pode ser uma excelente receita, mas para inflamação de garganta. A glote se fecha quando se engole alimentos, impedindo que entrem no aparelho respiratório. Se

	uma gota de mel chegar a cair sobre as cordas vocais, o efeito será um enorme engasgo. O único remédio para a voz rouca é o silêncio.
Pigarrear ajuda a tornar a voz mais clara	Se isso fosse verdade, meu avô seria locutor! Pigarrear é um truque psicológico: a pessoa se assegura de que a voz está na garganta e não vai falhar. Infelizmente, nada arranha mais as cordas vocais do que um simples pigarro.
Na velhice, a voz muda por falta de hormônios sexuais	É ruim, hein! A diminuição de hormônios e o próprio envelhecimento da mucosa que reveste as cordas vocais podem afinar a voz na terceira idade. No entanto, como qualquer outro músculo, as cordas vocais exercitadas, tal como as dos cantores, mantêm a forma. Aliás, a voz chega ao ápice entre os 40 e os 50 anos de idade.

A Importância da Leitura na Comunicação Verbal

Para conseguir se comunicar bem, um dos melhores recursos é a leitura. Você deve adquirir o hábito de ler, em voz alta e em voz baixa. Jornal, revista, livro, artigos na Internet, folheto de propaganda, receita de bolo, bula de remédio... leia de tudo um pouco, mas leia sempre!

Um minuto de leitura em voz alta por dia proporcionará a você clareza no falar, correção dos possíveis erros de pronúncia, firmeza, garantia de uma voz bem modulada e uma personalidade firme.

Para ler bem em voz alta, devem ser observadas as seguintes regras básicas:

1. **Respeitar a pontuação e respirar bem apenas nos pontos finais.**
   O ponto final indica que você deve tomar fôlego suficiente para ler a próxima frase. Não hesite em fazê-lo.

2. **Respirar rápida e silenciosamente em algumas vírgulas.**

   A pontuação oral é marcada pelo ouvido e regulada pelo sentimento que queremos impor à leitura. Quer ver um exemplo? Leia a seguinte frase:

   > "Quem quer que sejas, amigo ou não, o coração do escritor não faz, hoje, reservas, não abre, nesse momento, exceções".

   Nesse trecho de Rui Barbosa, se fizermos uma pausa em cada vírgula, ficaremos cansados e ridículos. Nesse trecho, a pontuação escrita é totalmente diferente da oral. A pontuação oral está estritamente ligada à respiração; por isso, cada pessoa pontua de um jeito diferente, principalmente no que diz respeito às vírgulas. Assim, uma pessoa que respira longamente pontua menos e uma pessoa de fôlego curto pontua mais. Além de marcar os pontos certos para a respiração, a pontuação também serve para indicar as emoções que se quer transmitir.

3. **Respeitar a palavra de valor.**

   As palavras de valor resumem o próprio sentimento da proposição. Exemplo: "Se é para o bem de todos e felicidade geral da nação, diga ao povo que fico". A palavra de valor é: Fico. Portanto, é a ela que devemos dar toda a ênfase possível.

4. **Respeitar a inflexão.**

   A inflexão é o colorido da oratória. Pegue a frase "Marina tinha uma bicicleta" e leia dando ênfase às palavras escritas em letras maiúsculas. Releia as frases e observe os diferentes significados que cada uma assume:

   — **MARINA** tinha uma bicicleta.

   — Marina **TINHA** uma bicicleta.

   — Marina tinha **UMA** bicicleta.

   — Marina tinha uma **BICICLETA**.

5. **Respeitar o encadeamento.**

   As modificações de duração, intensidade das sílabas, vocábulos e frases é que dão beleza à leitura. Isso é o que chamamos de "ritmo da frase". Quando conversamos, modulamos bem a voz. O mesmo deve ser conseguido na leitura, embora de maneira mais moderada e discreta. Lembre-se: a frase é um todo. Ninguém deve ler palavra por palavra.

Se ler em voz alta é importante para ter uma dicção perfeita, ler baixo, ou seja, ler para si mesmo, é extremamente importante para o crescimento pessoal. Ninguém pergunta qual é o seu nível de escolaridade. Todos julgam a todos pelo tom de voz empregado, pela pronúncia correta e pela fluência na exposição de idéias. Ao "vender" suas idéias, todos observam apenas a sua agilidade mental, a sua atualização, o seu conhecimento sobre o assunto.

Já sei, você quer saber o que fazer para conseguir tudo isso. Simples: aprimore sua inteligência, leia um jornal por dia (ou, pelo menos assista aos bons noticiários da TV – sim, eu disse "aos bons", porque alguns são péssimos), uma revista por semana (mas não essas de fofocas sobre celebridades), um livro por mês. Isso é o mínimo que você deve fazer para conseguir agilidade mental, atualização e conhecimento.

Converse e procure conhecer e discutir os principais assuntos da atualidade. Tenha pensamentos positivos. Seja ousado, criativo e, acima de tudo, sempre otimista.

O Poder da Conversação

> *Na conversação equilibrada falamos e ouvimos, alternadamente,*
> *em proporção mais ou menos equivalente.*
> (Autor desconhecido)

Com todo esse treino de respiração, de dicção, de leitura em voz alta e com leituras constantes, agora você está apto para conversar. A conversa é o principal laço que une as pessoas. Tanto no ambiente do lar como no trabalho e na sociedade, a conversa é uma arte, nem sempre bem executada. Daí surgem os conflitos, os desajustes, os isolamentos e os traumas.

Saber conversar é, então, uma arma, não apenas de sucesso na comunicação, mas também de felicidade. Todos gostam de conversar e de se comunicar e medem o prazer que sentem durante um encontro, de acordo com esse fator. Se, em uma roda de amigos ou durante uma visita, houve muita conversa, é porque houve prazer no encontro. Se, durante uma viagem, os participantes não ficaram calados, é porque gostaram. Se ficaram mudos, detestaram. A conversa é, portanto, o termômetro, o indicador do nosso interesse, do nosso poder de comunicação e do nosso bem-estar.

Ao conversar, lembre-se de que você está trocando idéias com uma outra pessoa; por isso, observe atentamente estes itens:

- A precisão do pensamento é a base da boa conversa.
- É preciso conviver: a convivência com outras pessoas induz ao desembaraço.
- Pessoas hábeis na comunicação deixam as outras gratas, mesmo com uma resposta negativa.
- A mente e a vida estão em poder da língua. Quantas vezes uma palavra que não deveria ser dita destrói um relacionamento e até uma vida.
- Lembre-se: aquele que tem mais facilidade de conversar tem mais possibilidade de vencer.
- Ao expressar-se, faça-o com ordem e método, procurando não perguntar e responder ao mesmo tempo. Seja simples para poder ser claro e não queira saber de tudo.
- Ao discutir, faça-o serenamente e, se for necessário criticar, faça-o sem azedume, evitando as palavras grosseiras.
- Ao elogiar, faça-o com entusiasmo.
- As frases de cortesia foram feitas para serem utilizadas constantemente. Não economize no uso de "Com licença", "Perdoe-me", "Faça o favor" etc.
- "Compreendeu?" "Entendeu?" "Ouviu?" "Sabe?" "Não é?". O uso continuado dessas perguntas pode levar o interlocutor a se sentir um verdadeiro idiota.
- Saber a hora certa para interromper quem fala é uma virtude que deve ser cultivada.
- As gírias foram feitas para serem usadas com moderação.
- Não diga: "É mentira", "Não é verdade". Substitua por: "Acho que não é assim", "Penso que não é bem a verdade".
- Ao escutar, dê sinais de aprovação de tempos em tempos, respeitando sempre a opinião do outro.

Nesta oportunidade, eu não poderia deixar de falar do meu amigo Vadão, um sujeito boníssimo, prestativo, bem-humorado, mas que tem uns "defeitinhos de fabricação" que só aparecem quando ele conversa com alguém. Nada que seja tão importante, mas às vezes incomoda a quem não o conhece. Coisas como repetir o que fala, no mínimo, três vezes seguidas. O pior é que ele fala com pausas, como se estivesse procurando as palavras, além disso, não ouve o que o outro fala. E como gesticula! Se fosse só isso já seria bom. Imagine que, ao falar com ele, você tem de manter certa distância, porque ele tem o hábito de ficar limpando e retocando os outros e, as vezes, ainda borrifa gotas de saliva. Um encanto de pessoa!

Falar em Público É Fácil? Depende

Existe o pensamento de que falar em público e vender idéias são tarefas difíceis. Embora não seja fácil enfrentar uma platéia ou um veículo de comunicação, é preciso ter em mente que nada será alcançado com sucesso se não houver esforço, treino, perseverança e força de vontade. É claro que em algumas pessoas o dom da oratória é inato, mas isso não significa que as outras devam desistir.

Para que se tenha êxito ao falar em público, é fundamental que sejam observados os seguintes princípios básicos:

- É necessário que cada situação seja examinada como uma situação peculiar que merece a devida atenção.
- É preciso levar em conta: quem comunica, o que comunica, a quem comunica, através de que canal e em que circunstâncias.
- Uma comunicação, para ser eficiente, deve despertar a atenção, promover a compreensão e ser aceita.
- Para poder melhorar, é preciso adquirir o hábito de analisar-se depois de cada situação.

Ao falar em público, mesmo que este seja restrito, lembre-se de três coisas que podem derrubá-lo:

- Amor próprio excessivo sempre é destrutivo.
- Inibição é pior que timidez. O tímido tenta e às vezes desiste. O inibido nem tenta.

- Se o assunto que estiver em discussão não for de seu conhecimento, diga isso com franqueza. Peça informações. Mostre interesse. Não sinta vergonha de aprender com os demais participantes. Se, ao contrário, você souber alguma coisa e sentir vontade de falar, faça-o, levando o assunto para o campo que você conhece.

Quantas vezes nos deparamos com pessoas que consideramos fluentes ao falar. Muitas, não é mesmo? Pois bem, vejamos agora o que essas pessoas conhecem e usam, durante seus discursos, que as tornam tão invejadas.

Para essa análise, vou recorrer a Cícero[5]. Isso mesmo, a Cícero, o grande orador romano que nasceu em 108 a.C. e foi, sem sombra de dúvidas, o maior orador da Antigüidade (apesar de ele próprio pensar que Demóstenes o era).

Cícero divide a Retórica em: invenção, disposição e elocução.

Invenção O orador perfeito deve encontrar e decidir o que deve falar. Deve conhecer os tópicos da argumentação e do raciocínio. Em todas as questões que são objetos de controvérsia ou de um debate, deve-se perguntar se o questionamento existe, o que é e como é (a existência mediante palavras, a essência mediante definições e a qualidade mediante definições do bem e do mal). Deve separar as discussões das circunstâncias particulares das pessoas e do tempo. Pode-se discutir em nível geral com maior amplitude do que em particular, de modo que o que se prova que é valido em nível geral também é válido em nível particular.

---

5. *Ciceron: El orador*. Tradução, introdução e notas de E Sánchez Salor. Madrid: El Libro de Bolsillo Alianza Editorial, 1991. O tratado *O Orador*, composto em 46 a.C., é a última obra de Cícero sobre a retórica e nela ele escreve para Marco Junio Brutus, o famoso assassino de César. Empregou para a sua composição partes de outros textos que ele já havia escrito. Esse fascinante texto trata dos seguintes assuntos: as condições que deve ter o orador ideal, os diversos estilos de oratória, a harmonia da frase, as partes do discurso e o ritmo da oratória.

O orador deverá escolher os tópicos ideais. De que forma? Simples: reforçando os que são bons e ocultando os que não podem ser refutados. Segundo Cícero, o orador perfeito busca dizer aquilo que é conveniente não só às idéias, mas também às palavras. As pessoas em diferentes circunstâncias, de diferentes cargos, com diferentes prestígios pessoais, com diferentes idades e em diferentes lugares e momentos, não devem ser tratadas com o mesmo tipo de palavras ou de idéias. O conceito do "o que é conveniente" depende, então, do tema e dos ouvintes.

O orador deverá percorrer todos os tópicos, eliminando os argumentos desnecessários e de conhecimento geral (Cícero os chama de "lugares comuns").

Disposição Uma vez encontrado o que se vai dizer, deve-se ordenar as idéias com grande diligência e fazer uma introdução suficientemente digna e com um acesso claro à causa. Uma vez atraída a atenção dos ouvintes, deve-se confirmar os argumentos favoráveis e descartar os contrários. E, então, o bom orador colocará os argumentos mais sólidos no começo e no fim e intercalará os mais débeis no meio.

Elocução Através dela realmente aparece o orador perfeito. Uma vez encontrado o que dizer (invenção) e em que ordem (disposição), vem o mais importante de tudo, que é definir de que modo apresentá-lo (elocução).

A disparidade de temperamentos e de sentimentos criou uma porção de gêneros de estilos diferentes entre si. Sendo assim, para cada tipo de estilo, existe um tipo de orador diferente.

O ato de falar consiste em duas coisas: a ação e a elocução propriamente dita.

- **Ação**: É a eloqüência do corpo, já que se baseia na voz e no movimento. O orador perfeito dará à voz o tom desejado, segundo o sentimento que quer transmitir ou que quiser provocar no ânimo dos ouvintes. Dessa forma, a voz muda com os sentimentos e, por sua vez, provoca sentimentos. Obviamente, a ação tem grande importância na eloqüência.

O orador perfeito recorre sempre aos movimentos do corpo: porte ereto, poucos passos, passos curtos, sem movimentar os dedos e as falanges, ter movimentos viris do tronco, estender os braços nos momentos de emoção e descansá-los nos momentos de relaxamento. E, principalmente, ele domina as expressões faciais, pois o rosto é de fundamental importância para transmitir aquilo que o orador deseja. O rosto, segundo Cícero, é a imagem da alma e os olhos são os seus intérpretes.

- **Elocução propriamente dita**: Segundo Demóstenes, a elocução não é nada sem a ação. Na oratória, há uma espécie de canto dissimulado: o orador de primeira classe é aquele que sabe variar e mudar a voz, subindo algumas vezes e baixando outras, recorrendo a todas as escalas de som.

O orador perfeito sobressai apenas pela sua eloqüência. Como o próprio nome diz, o orador não é chamado de "inventor", nem de "compositor", nem de "ator", mesmo que domine todas essas funções, mas, sim, de "retor" em grego e de "elocuente" em latim.

Vamos analisar um pouco mais a **disposição**? Então vamos lá.

A fala, seja de que tamanho for, desde um simples convite para um brinde até uma conferência, divide-se em três partes: começo, proposição e encerramento.

Começo   O começo merece todo cuidado, pois a primeira impressão é a que fica. É a introdução que prepara o ânimo de quem ouve. Se você estiver fazendo um pequeno ou um grande discurso, a finalidade da introdução é tornar o auditório atento, dócil, benévolo. A introdução serve também para você se acalmar.

Eis algumas sugestões que funcionam:

- Fale da platéia. Se você conhece o público, cite pessoas. Cite fatos que sejam do conhecimento de todos. Elogie.
- Fale de si mesmo. Narre um pequeno episódio de sua vida. Apresente-se. Fale de sua emoção.
- Fale do local onde está. Elogie as acomodações, a cidade, a sala.
- Fale de um acontecimento do momento: carnaval, calor, política, futebol etc.
- Fale do próprio assunto. Faça uma pequena chamada que desperte a curiosidade e o interesse. Fale das idéias que você quer vender para o público.

Proposição A proposição é o conteúdo da comunicação propriamente dita. Ela é que contém a sua mensagem. É aquilo que você vai comunicar. É a idéia que você vai vender. Dedique-se muito para encontrar sua mensagem. Lembre-se de que tudo o mais que disser pode ser esquecido, mas a proposição deverá ser lembrada. Ela é o item mais importante. Deve ser clara, objetiva.e concisa. A proposição deve constituir uma só matéria, um só assunto.

Os grandes oradores, entre os quais está o célebre Padre Vieira, muito falaram e muito escreveram sobre isso. Disse ele: "O sermão há de ter um só assunto, assim como o lavrador que semeia uma só semente. Se o lavrador semear trigo e, sobre o trigo, centeio e, sobre o centeio, milho e, sobre o milho, cevada, o que há de nascer? Uma mata brava. Uma confusão verde".

A proposição pode ser resumida em apenas uma sentença. Se você encontrar essa sentença e a disser com clareza, terá falado bem. Ela deve ser estudada. Encontrar essa sentença é o seu único trabalho. O resto é técnica.

Por falar em técnica, lembre-se de que uma boa proposição não pode deixar de lado os seguintes aspectos:

- O humor, quando espontâneo, faz com que os ouvintes gostem de você.
- As circunstâncias (aquilo que não estava previsto) não devem passar despercebidas. Brinque com elas. Tire proveito delas.
- A voz deve ser clara e potente, de tal forma que todos os presentes, indistintamente, ouçam a sua fala com a mesma intensidade.

Resumindo, quando temos de falar em público, o que devemos fazer? É simples. Primeiro devemos ter a idéia daquilo que vamos dizer e depois precisamos decompor essa idéia, a fim de que os outros possam entender as razões de nossa afirmação.

Vista assim, uma proposição é composta de quatro partes:

1. **Divisão** – Se houver vários objetivos a atingir, enumere-os. Às vezes, a divisão não se faz necessária por serem breves esses objetivos.

2. **Narração** – É uma parte auxiliar da fala. A narração colorida de um fato, uma passagem de um filme ou um trecho de um livro lido pode ilustrar o que você está falando.

3. **Prova** – A nossa afirmação deve ser provada. O que dá força à fala é a prova. E esta deve existir sempre, quer estejamos falando com nossos familiares, quer em uma reunião profissional, quer diante de uma platéia. A prova deve se constituir de exemplos, de relatos, de dados e de emoção. Ela é a parte mais importante da comunicação. Sem ela, não se consegue vender uma idéia, por melhor que seja ela.

4. **Refutação** – Se a idéia for passível de controvérsia, você deve, de pronto, responder às objeções que poderão surgir.

Para Cícero, existem três gêneros de oratória: tênue, médio e elevado:

1. **Tênue** – É o estilo singelo, baixo, cujo modelo é a nossa linguagem normal, mais perto da eloqüência do que se pensa. Por isso, aqueles que o escutam, mesmo que sejam incapazes de dizer uma palavra sequer, acreditam poder falar da mesma forma. Esse estilo parece imitável, mas não o é quando alguém tenta fazê-lo. É uma forma de expressão agradável, sem adornos, com pequeno uso de metáforas e com o emprego de figuras de pensamento não excessivamente deslumbrantes.

   A ação no estilo tênue não deve ser nem de tragédia, nem de comédia. Deve ser moderada nos movimentos corporais, sem fazer caretas, mas insinuando com naturalidade o sentido de cada palavra que se pronuncia.

   É um estilo salpicado de apontamentos graciosos. Tenha cuidado, no entanto, para não recorrer ao ridículo. A graça não pode ser nem obscena, nem petulante, nem contra as deficiências (para não ser desumano), nem ridícula (que não leve em conta a personalidade de quem fala, de quem ouve e as circunstâncias). Também se deve evitar as graças preconcebidas, pois essas são frias. O orador, no estilo tênue, respeita os amigos e as autoridades, evitando os enfrentamentos de conseqüências inevitáveis.

2. **Médio** – É um pouco mais vigoroso que o estilo tênue. Nesse estilo, vão bem todas as figuras de retórica e é nele que se encaixam as metáforas (as palavras que elucidam um significado, graças à sua semelhança com outra noção, e que são usadas ou para encantar a platéia ou porque faltam palavras ao orador). Quando se usam muitas metáforas, acontece o que os gregos chamaram de "alegoria".

O estilo médio permite o desenvolvimento de discussões teóricas amplas. É um estilo oratório elevado e florido, adornado e polido, em que se juntam todas as figuras de palavras e de pensamentos.

3. **Elevado** – É um estilo forte, abundante, grave. Nele encontra-se a maior força. Ele faz a eloqüência ter um grande poder de persuasão. Esse poder conduz os corações, move-os em todos os sentidos, penetra em nossos sentimentos, às vezes, pela força das palavras, às vezes, pelos sentimentos, grava as opiniões, arranca as que já estavam gravadas e, assim, crava as novas idéias em nossa mente.

O orador perfeito é aquele que sabe misturar bem os três estilos. Por quê?

O orador tênue, desde que fale com agudeza e astúcia, já é sábio. O médio, desde que use adequadamente os adornos de oratória, é agradável. O elevado, se não fizer uso dos outros dois estilos e andar o tempo todo com o pé no acelerador das emoções, poderá ser considerado um louco, ou seja, aquele que não é capaz de dizer coisa alguma com tranqüilidade, suavidade ou encanto, sem introduzir classificações, definições e distinções, e que se põe a debater o tema sem antes ter preparado os ouvidos do auditório. Dará, assim, a impressão de ser um louco no meio de pessoas sensatas ou um bêbado cambaleando no meio dos sóbrios.

Somente o orador elevado é eloqüente? Não. É eloqüente aquele capaz de dizer as coisas tênues com singeleza, as coisas intermediárias em um tom médio e as coisas elevadas com a força dos sentimentos.

Encerramento A conclusão ou encerramento deve deixar boa impressão. As palavras proferidas devem ficar gravadas na mente dos ouvintes. Você deve impressioná-los positivamente. Para tanto, o encerramento divide-se em duas partes:

1. **Resumo** – como o próprio nome diz, deve ser resumido. Procure resumir, em poucas palavras, tudo o que tiver falado.

2. **Emocional** – também como o nome diz, você deve fazer uso de recursos emocionais que sensibilizem os ouvintes. É aí que funciona a força da paixão; através dela todos poderão aceitar a sua idéia.

Às vezes, o encerramento pode ser bem diferente de tudo o que você disse. Uma pequena fábula, uma historieta ou uma citação podem dar um bom fecho, desde que tenham uma estreita ligação com o que você falou e com a idéia que você quis vender.

Pronto, agora você já está em condições de expor suas idéias em público com fluência.

Falar de Improviso É Difícil? Depende

Todos nós, uma vez ou outra, temos de falar algumas palavrinhas, dizer de nossa emoção ou agradecer uma homenagem repentina. E você? É um daqueles que ficam brancos, trêmulos e só conseguem gaguejar? Não? Sorte sua, pois eu já fui assim. Eu era daquele tipo que não entra em amigo secreto porque não sabe o que escrever nos bilhetinhos e muito menos o que vai dizer na hora de entregar o presente. Contudo, melhorei um pouco essa minha, digamos, deficiência pessoal, graças a um colega de trabalho que me entregou um papelzinho com algumas dicas para essas pequenas falas, que ocorrem nas situações e nos momentos mais variados.

Já sei, você quer saber quais são essas dicas. Então, ei-las:

1. **Numa comemoração**
   - Faça um histórico rápido do acontecimento.
   - Relembre a importância do fato que se comemora.
   - Faça elogios aos participantes.
   - Fale da emoção que você sente naquele instante.

2. **Numa inauguração**
   - Mencione o motivo de ter tomado a decisão de inaugurar tal obra.
   - Indique os benefícios que podem ser esperados dessa obra.
   - Preste uma homenagem aos participantes e agradeça a participação deles.
3. **Numa abertura de reunião**
   - Seja breve e preciso. Empregue frases curtas e enérgicas.
   - Fale apenas sobre a idéia central da reunião.
4. **Discurso principal**
   - Tenha em mente um plano bem arquitetado e não se afaste dele.
   - Ajuste o seu discurso para falar dentro do tempo determinado.
   - Comece em voz baixa, olhando os ouvintes que estão no fundo da sala e fale para eles.
   - Quando tiver de chamar a atenção de desatentos, apenas eleve o tom de voz.
   - Responda aos apartes de maneira breve e gentil, sem confrontações.
   - Termine de maneira surpreendente, forte e emotiva.
5. **Para apresentar alguém ao público**
   - Enumere as atividades da pessoa apresentada.
   - Cerque a apresentação de pormenores que o tornem simpático ao público.
   - Encerre falando da honra que você têm de apresentá-lo.
6. **Para agradecer a honra de ter sido apresentado**
   - Fale da honra que você sente naquele instante.
   - Diga que não merece os elogios que recebeu.
   - Diga que os elogios são fruto da amizade que o une ao apresentador.
   - Diga que se sente à vontade e feliz.
7. **Para apresentar-se**
   - Fale da honra que sente naquele instante.
   - Enumere suas atividades de maneira singela e sem ostentação.
   - Coloque-se às ordens para, caso necessário, dar mais explicações a respeito de si mesmo.

8. **Numa despedida**
   - Fale da emoção que sente naquele instante.
   - Enumere fatos vividos e pessoas queridas.
   - Prometa jamais esquecer aquele período da vida.
9. **Em um encerramento de reunião**
   - Fale da alegria que sente pelos resultados obtidos.
   - Resuma os principais tópicos abordados e as decisões tomadas.
   - Agradeça a participação de todos.
   - Deixe claro que novas reuniões virão.

Espero que essas dicas o ajudem também a sair dessas situações inesperadas com sucesso. Basta treinar.

Treinar falas de improviso: talvez seja isso o que esteja faltando aos nossos jogadores de futebol, para evitar "pérolas" como estas que me foram gentilmente cedidas pelo professor Humberto Massareto, excelente profissional da área de comunicação:

Frases	Autores
"Eu peguei a bola no meio do campo e fui indo, fui indo, acabei fondo e chutei pro gol."	Jardel, ao relatar o gol que tinha feito quando jogava no Vasco.
"A bola foi indo, foi indo e iu!!!"	Paulo Nunes, comentando um gol que marcou quando jogava no Palmeiras.
"Tenho o maior orgulho de jogar na terra onde Cristo nasceu."	Claudiomiro, ex-meia do Inter de Porto Alegre, ao chegar em Belém do Pará para disputar uma partida contra o Paysandu, pelo Brasileirão de 1972.
"Nem que eu tivesse dois pulmões eu alcançava essa bola."	Bradock, amigo de Romário, reclamando de um passe longo.
"Sem dúvida, no México é melhor. Lá a gente recebe semanalmente de 15 em 15 dias."	Ferreira, ex-jogador do Santos.
"Quando o jogo está a mil, minha naftalina sobe."	Jardel, quando jogava no Porto de Portugal.
"Clássico é clássico e vice-versa."	Outra do Jardel.

Frases	Autores
"O clube estava à beira do precipício, mas tomou a decisão certa e deu um passo à frente."	João Pinto, ex-jogador do Benfica de Portugal.
"A moto eu vou vender e o rádio eu vou dar para a minha avó."	Biro-Biro, ex-ídolo do Corinthians, ao responder o que faria com o Motorádio que havia recebido como melhor jogador da partida.
"O pessoal na Bahia é muito simpático. O povo é muito hospitalar."	Zanata, ex-jogador do Fluminense, ao comentar sobre sua estada na Bahia.
"O jogador de futebol tem que ser completo como o pato, que é um bicho aquático e gramático."	Vicente Matheus, ex-presidente do Corinthians.
"O difícil, como vocês sabem, não é fácil."	Também de Vicente Matheus.
"Não tem outra, temos que jogar com essa mesma."	Reinaldo, ex-atacante do Atlético Mineiro, ao responder à pergunta do repórter se o time jogaria com aquela chuva toda.
"A partir de agora meu coração tem uma cor só: é rubro-negro."	Fabão, zagueiro baiano, ao chegar para jogar no Flamengo.

Realmente esses nossos craques, em matéria de comunicação verbal, estão "pisando na bola".

Agora, que tal dar uma olhada com carinho na comunicação escrita? Então, passemos ao próximo capítulo.

Capítulo 3

A Comunicação Escrita

Formarei bons hábitos e serei escravo deles.
Saudarei este dia com amor no coração.
Persistirei até alcançar êxito.
Eu sou o maior milagre da natureza.
Viverei hoje como se fosse o meu último dia.
Hoje serei senhor de minhas emoções.
Rirei do mundo.
Hoje centuplicarei meu valor.
Esta é a hora, este é o lugar, eu sou o homem: agirei agora.
Hoje pedirei a orientação a Deus.
Eu sou o maior vendedor do mundo
(Og Mandino)[1]

Escrever é falar através do papel. Com essa frase, Donald Weiss[2] afirma que o medo inibe as pessoas a escrever e que o primeiro passo para perder esse medo é escrever como se se estivesse falando e, aos poucos, ir melhorando o texto, até chegar à versão considerada ideal.

Consideramos escrever uma obrigação desagradável. Para muitas pessoas, o simples fato de responder a uma carta já constitui uma experiência traumática.

---

1. MANDINO, Og. *O maior vendedor do mundo*. Rio de Janeiro: Record, 1968. Mandino foi um grande conferencista americano, conhecido por seus *best sellers*. Faleceu em 1996.
2. WEISS, Donald H. *Como escrever com facilidade*. São Paulo: Nobel, 1999. Este livro contém orientações sobre como escrever bem e como desenvolver assuntos com sucesso e maneiras de criar textos com emoção e conteúdo que realmente transmitam o que se deseja.

Apesar de, às vezes, querermos evitá-lo, escrever é uma necessidade na vida de um administrador. A maioria dos administradores passa, escrevendo, pelo menos 10% do tempo reservado à comunicação. É importante que saibamos escrever bem, especialmente por ser uma habilidade que exige maior esforço e compreensão do que inspiração. Nada como perder o medo e começar a pôr as suas idéias no papel. É fazendo que se adquire a capacidade de fazer, ou melhor, é escrevendo que se adquire a habilidade de escrever. E, além do mais, é errando que se aprende.

Uma boa maneira de começar a pensar em escrever é ter em mente que nem sempre o que você escreve de imediato fica bom o suficiente para que os outros queiram ler. Se você observar a pilha de papéis que chega às suas mãos diariamente e o tratamento que você dá a ela, compreenderá que, para alguém ler alguma coisa, é preciso chamar-lhe a atenção para o conteúdo.

Para que você atinja seus objetivos na comunicação escrita, há algumas regras básicas a serem seguidas:

Regras para uma boa comunicação escrita

Chamar a atenção   Alguma coisa precisa despertar no leitor a vontade de parar o que está fazendo para ler o que você escreveu.

Percebeu a importância do título, da forma das letras, da cor do papel, das figuras etc.? Não? Então, dê uma olhada em sua mesa. Veja quais são os papéis que chamam de imediato a sua atenção. Agora responda: o que o atraiu de imediato naquele escolhido? Percebeu agora?

Envolver o leitor   Toda boa redação é uma comunicação de pessoa para pessoa. Você não escreve para um grupo, mesmo que um bom número de pessoas possa ler o que você escreveu. Sendo assim, se você pensar na sua audiência como se fosse composta de uma só pessoa, poderá melhorar seu estilo e envolver seus leitores.

Incitar à ação   Para o redator, equivale a dar uma ordem do tipo "compre essa minha idéia". O propósito final de qualquer mensagem de negócios é obter uma resposta favorável ou receber a aceitação da pessoa a quem foi dirigida. Se isso não for conseguido, a mensagem enviada foi inútil, a despeito do tempo e do esforço gastos em redigi-la.

Precisamos estar conscientes de que a linguagem escrita é bem diferente da linguagem falada. Você poderia se imaginar dizendo: "Em resposta à sua recente consulta, vimos por meio desta informá-lo que uma profunda pesquisa ao arquivo foi levada a efeito sobre os contratos de fornecimento da empresa, e o documento em questão foi finalmente descoberto"? É claro que não! Você simplesmente diria: "Achamos o contrato!"

A linguagem escrita é geralmente formal, mas não deveríamos deixar que problemas de estrutura gramatical nos desviassem dos nossos objetivos. Temos de ajustar a linguagem do texto ao que tem maior importância para os nossos leitores. O critério de ajuste não está no produto em si, mas, sim, na reação do leitor.

Uma pesquisa feita com redatores habituados à elaboração de textos comerciais, que adquiriram larga experiência no assunto e grande habilidade com as palavras, mostrou que eles usam uma fórmula interessante para atingir os leitores pela leitura. É a seguinte:

1. Prometa um benefício.
2. Diga o que o leitor precisa fazer (a idéia a ser comprada) para conquistar o benefício.
3. Explique o que o leitor vai conseguir (detalhes do benefício) se comprar a sua idéia.
4. Dê provas da veracidade de sua promessa de benefício.
5. Diga ao leitor o que ele pode perder se não agir imediatamente.
6. Renove a promessa do benefício para o leitor.
7. Incite o leitor à ação imediata.

Essa fórmula se limita apenas à correspondência externa? Claro que não. Experimente aplicá-la em suas circulares, em suas convocações, em seus *e-mails* ou em suas cartas e comprove como isso funciona.

Aliás, por falar em cartas, saber redigi-las é uma habilidade importante na administração e, para isso, também existem certos fundamentos que ajudarão o profissional a melhorar. Vamos ver quais são?

1. Ao redigir uma carta, o primeiro passo é definir bem o objetivo ou a idéia central (a idéia que você deseja vender para o leitor).
2. Definida a idéia central, selecione as palavras certas para fazer essa venda.
3. Ao redigir o texto, seja conciso, sincero e claro.
4. Use todos os recursos existentes em um editor de textos para chamar a atenção do leitor (sublinhado, maiúsculas, parágrafos, pontuação imaginativa). Isso funciona.

Antes de mandar a sua carta, faça a si mesmo as seguintes perguntas:

Pergunta	Consideração
Está orientada para o leitor?	Para vender a sua idéia, você considerou os interesses dele?
Foi escrita com tato?	As palavras foram colocadas com delicadeza? Você se colocou no lugar do leitor ao usar seus argumentos?
É clara e concisa?	Suas sentenças contêm mais que uma idéia principal? Essas idéias são unidas por vigorosas transições? Você empregou algum termo técnico que pode não ser entendido pelo leitor?
O tom é de conversa?	Você evitou os jargões comerciais e utilizou palavras do seu vocabulário do dia-a-dia?
A proposta vai ajudar o leitor?	Você se antecipou às necessidades do leitor? Deu-lhe, ao longo do texto, alguma informação útil que ele poderia não estar esperando? Isso ajuda a vender a idéia.
A idéia vai atingir o leitor de maneira agradável?	O texto foi elaborado para conquistar o leitor?

Se você respondeu "sim" a essas perguntas, pode mandar a carta, pois ela provavelmente atingirá os seus objetivos.

Você se lembra da pesquisa feita com redatores habituados à elaboração de textos comerciais a que eu me referi anteriormente? Ela também mostrou que existem palavras e expressões que nada acrescentam ao entendimento do texto; ao contrário, tornam o texto menos objetivo, e apenas são inseridas por uma questão de hábito.

Veja a seguir alguns exemplos dessas expressões e os cuidados sugeridos pelos experientes redatores:

Expressões	Cuidados que devem ser tomados
"A finalidade desta é apresentar"	Prefira "Apresentamos".
"Como dissemos acima"	Se já dissemos, por que repetir e ainda avisar que estamos repetindo?
"Temos em nosso poder sua carta datada de 30.10.2004"	Prefira "Recebemos sua carta de 30.10.2004".
"Conforme assunto em epígrafe"	"Epígrafe" é um termo muito antigo. Prefira "Conforme assunto em referência".
"É desnecessário dizer que"	Se é desnecessário, então não diga.
"Em mãos sua carta de 30.10.2004, que nos merece a devida atenção"	Claro que merece, afinal você a está respondendo!
"É evidente que"	Normalmente essa expressão é desnecessária ou mentirosa. Quando é evidente, não precisamos dizer e, quando não é evidente, é mentira dizer.
"Outrossim"	Conversando normalmente você fala "outrossim"? Então, não escreva. Prefira "ainda" ou "também". São mais comuns e correspondem ao significado que você quer.
"Passo às suas mãos"	Essa expressão é totalmente desnecessária!

Expressões	Cuidados que devem ser tomados
"De posse de sua carta de 30.10.2004, que ora passamos a responder"	Escreva apenas "Recebemos sua carta de 30.10.2004".
"Levamos ao seu conhecimento"	Prefira "Comunicamos".
"Rogamos"	Nós rogamos a Deus; aos clientes nós "solicitamos".
"Sem mais para o momento" ou "Sem outro particular"	Se você não tem mais nada a dizer, então não diga! Encerre simplesmente com um simples "Atenciosamente". Aliás, nem toda carta precisa de fecho.
"Vimos pela presente" ou "Vimos por meio desta" ou "Vimos através desta" ou "Servimo-nos da presente para informar-lhe"	Entre direto no assunto. Não se sirva de nada!
"Tem a presente a finalidade de"	Entre direto no assunto. Escreva "A fim de" ou "Para".
"Tomamos a liberdade de"	Cuidado com essa expressão. Muitas vezes ela irrita seu leitor. Diga o que quer, sem dizer que está tomando a liberdade.

A partir de hoje, procure aplicar essas sugestões em suas correspondências e veja como isso funciona. Seus leitores vão agradecer sua objetividade.

Agora, Papel e Lápis na Mão

Li certa vez que, ao terminar uma carta a um amigo, um ilustre personagem arrematou-a com estas palavras: "Desculpe a extensão desta carta, mas não tive tempo de fazê-la menor".

Creio que seja assim que muitas pessoas deveriam concluir suas correspondências, suas circulares, seus *e-mails*, suas participações em fóruns de debates pela Internet e até seus folhetos de propaganda. Afinal, tempo é dinheiro e nós já vivemos na era do jato, lembra? O problema é que o fácil é escrever muito. Difícil é transmitir o essencial, só o essencial, nada mais que o essencial e, ainda assim, vender a sua idéia. A falta de confiança na capacidade de o leitor entender a mensagem escrita faz com que as pessoas busquem a segurança de um grande número de palavras. Essa insegurança faz com que escrevam, expliquem, repitam, exemplifiquem, rememorem e reforcem o que já foi dito e redito. E, infelizmente para nós, pobres leitores, elas esquecem que a clareza e a objetividade do texto substituem a quantidade de palavras, com a vantagem de não confundir o leitor.

Na verdade, poucas são as pessoas treinadas para escrever bem. As escolas, quando o fazem, dirigem a atenção do aluno mais para os aspectos literários, para a beleza de estilo e para o uso de palavras bonitas do que para a objetividade e clareza do texto. As empresas, então, na sua grande maioria, nem dão muita atenção ao problema.

Em meus cursos, costumava pedir que os alunos elaborassem um folheto cujo texto fosse a venda de um ovo. Claro que eu recebia verdadeiros tratados de uma folha, mostrando as vantagens de adquirir o tal ovo. Um deles eu faço questão de reproduzir aqui pela sua originalidade:

Caro mestre dos mestres, redigir um anúncio objetivo, oferecendo à venda um ovo não é difícil. Para começar, existe o anunciante que joga seu dinheiro fora anunciando o que todo mundo já está cansado de saber:
COMPRE O NOSSO OVO. É OVAL, TEM A CLARA BRANCA E A GEMA AMARELA.
Quem tiver medo de criar alguma coisa original sobre o ovo, é melhor não dizer nada. Fazer um folheto de venda não é pisar em ovos. Mas tem gente que insiste em meter a família no meio, dizendo:
COMPRE O NOSSO OVO. A SAÚDE DE SEUS FILHOS DEPENDE DELE.
Um ovo é um ovo. Mas alguns devem achar que tem gente usando o ovo como bola de ping-pong:
COMPRE O NOSSO OVO. A CASCA MAIS FORTE DO MERCADO. À PROVA DE RACHADURAS.
Os maníacos por promoções têm no ovo um prato cheio:
EM CADA DÚZIA, VOCÊ GANHA UM GRÁTIS.
No outro extremo, está o anunciante que acredita que não precisa promover e nem mesmo vender nada. Todo mundo vai comprar seu ovo só porque ele é bonzinho. Sua mensagem é assim:
RESPEITE OS PEDESTRES. COLABORAÇÃO DO NOSSO OVO.

No entanto, alguns não só desrespeitam os pedestres como também a inteligência de todo o público consumidor:
COMPRE O NOSSO OVO. O OVO DA MODA. TODO MUNDO ESTÁ COMPRANDO.
Agora, fale sinceramente. Se você fosse uma galinha, como se sentiria ao ler este anúncio?
COMPRE O NOSSO OVO. PRODUZIDO COM A MAIS ALTA TECNOLOGIA.
E quando o anunciante diz:
FAÇA UM BOM ESTOQUE DOS NOSSOS OVOS EM SUA CASA PARA QUE NUNCA FALTEM.
Todo mundo percebe que o que ele quer mesmo é que não falte dinheiro em sua conta bancária. Não é fácil enganar alguém que ganha o seu dinheiro com tanto sacrifício. É mais fácil vender pilhas por meio de uma campanha de ovos. Algo assim:
COMPRE OS NOSSOS OVOS. OS DAS GEMAS AMARELINHAS.
E por que não aproveitar a onda de produtos naturais?
COMPRE O NOSSO OVO. É OVO DE GRANJA. 100% PURO E NATURAL, SEM ADITIVOS, COMO NO TEMPO DA VOVÓ.
As rimas e os trocadilhos sempre agradam:
O OVO NOVO, O OVO DO POVO. O OVO QUE EU APROVO.
Dizem até que o apelo sexual vende:
MOSTRE SEUS OVOS PARA ELA. SÃO IRRESISTÍVEIS.
E nem os personagens da história são esquecidos:
COMPRE O NOSSO OVO. O OVO DE COLOMBO.
E os mais criativos jamais se cansam de inventar novos benefícios para o velho e bom ovo:
COMPRE OS NOSSOS OVOS. EMBALADOS UM A UM.
O certo, caro mestre, é que existem centenas de maneiras de se vender um ovo através de um folheto. Umas podem funcionar, outras não. Sem contar aquelas que dão vontade de jogar um ovo no anunciante. Qual é a mais certa? Talvez só o mestre saiba. Mas certamente, a melhor lição deste exercício esteja na própria natureza:
TODA GALINHA ANUNCIA QUANDO BOTA UM OVO.

O texto é brilhante, você não acha? Voltando ao nosso caso, depois de fixados os folhetos na parede para que todos pudessem analisá-los, os alunos eram unânimes ao criticá-los pelo excesso de texto. Havia a desculpa clássica:

"Mestre, isso é pegadinha. Você não avisou a gente de que o folheto era para ser colocado na parede, senão nós o teríamos feito com menos palavras". Sendo assim, eu pedia a eles que voltassem no dia seguinte com um novo folheto no qual constasse a venda do mesmo ovo cozido, mas agora utilizando apenas 10 palavras. Fácil? Que nada. Um terror. Alguns alunos ficavam acordados até altas horas pensando se isso era possível e outros nem dormiam imaginando que isso só podia ser mais uma "loucura" do professor. Havia aqueles que chegavam no dia seguinte e me abordavam em tom desafiador: "Tá bom, mestre, eu não consegui fazer, mas quero só ver qual é a sua solução para esse exercício!".

Percebeu a dificuldade? Acabamos de tirar o pessoal da zona de conforto. E é isso que as empresas e as escolas deveriam fazer diariamente com seus funcionários e alunos. Só assim eles adquiririam a confiança para redigir de maneira concisa, objetiva e clara seus textos.

Fique calmo, nem tudo está perdido. Você ainda pode melhorar sua mensagem escrita. Como? Basta você observar os passos do processo de redação informados a seguir. Mas não esqueça: só tem um jeito de aprender a escrever bem. É isso mesmo: escrevendo!

Então, vamos lá. Papel e lápis na mão, seguindo a bula passo a passo:

Defina claramente o objetivo da sua mensagem

Você pode imaginar que "demonstrar as condições do mercado em relação ao novo serviço" seja um objetivo para a sua mensagem. Talvez você fosse mais bem-sucedido se tivesse definido o seguinte objetivo: "provar à diretoria que o novo serviço será um sucesso diante das condições do mercado". É óbvio que, com esse novo objetivo, sua mensagem ganha uma estrutura completamente diferente da anterior.

Reúna as informações para a sua mensagem

Junte todas as informações possíveis, relacionadas ao objetivo de sua mensagem. O processo de redação é um processo de transformação das informações obtidas (de arquivos, livros, jornais, revistas, Internet etc.) em um texto final. Atualmente, o volu-

	me de informações depende muito mais do seu esforço de pesquisa do que das fontes de consulta. Isso significa que a má qualidade do seu texto dificilmente poderá ser justificada pela falta de informações.
Estruture a sua mensagem	Defina o esqueleto sobre o qual você desenvolverá a sua mensagem. Essa é uma fase crítica, pois você poderá desvirtuar o objetivo da mensagem se a estrutura do trabalho não for adequada. Portanto, ao definir a estrutura do seu texto, não perca de vista o objetivo da mensagem.
Classifique as informações, segundo a estrutura definida	Você deve distribuir as informações disponíveis dentro dos itens da estrutura da mensagem. Dessa forma, poderemos garantir que as informações do texto estarão estruturadas de maneira lógica.
Desenvolva cada item da estrutura	Escreva sem se preocupar com detalhes de pontuação, frases longas, palavras mal utilizadas e repetições. Apenas escreva. Utilize todas as informações relativas a cada item. Ao final, você terá em mãos o primeiro rascunho do seu texto final.
Defina o telegrama da sua mensagem	Sublinhe, em cada frase, em cada parágrafo, as palavras-chave, o que realmente for essencial à sua mensagem (geralmente substantivos e verbos). Despreze tudo aquilo que for "blá, blá, blá" e que você julgar desnecessário à compreensão do leitor.
Refine o telegrama	Agora que você já montou o "telegrama" do seu texto, basta partir para o processo de refinamento. Você já tem o objetivo, a estrutura e a essência da mensagem. Capriche

em uma boa redação e pronto. Eis seu texto final prontinho para ser formatado.

Formate o texto final

Daqui para frente você poderá revisar seu trabalho quantas vezes julgar necessário, até que ele assuma o aspecto ideal. Agora que você já tem o conteúdo, falta o acabamento. Uma boa "embalagem" representa uma grande possibilidade de sua idéia ser comprada pelo leitor. Seu texto será muito apreciado se você tomar os seguintes cuidados:

- Evite entregá-lo manuscrito.
- Deixe margens adequadas em torno do texto.
- Não use letras desenhadas, pois elas dificultam a leitura.
- Use títulos e subtítulos. Eles amenizam o impacto do volume de texto e ainda servem para dividir os assuntos diferentes.
- Evite linhas muito longas, pois elas dificultam a leitura.
- Deixe espaço entre os parágrafos.

Além disso, você deve preocupar-se com a forma de reprodução: tamanho da letra, tipo de papel, meio de reprodução etc.

Muitos autores e estudiosos do assunto dizem que escrever bem é muito mais uma questão de arte do que de técnica. Entretanto, algumas regras podem ajudá-lo a transformar seu texto em uma verdadeira comunicação:

Técnicas para Melhorar a Comunicação

Utilize sentenças curtas Cansam menos e não confundem o leitor.

Use palavras simples e usuais Elas tornam sua mensagem universal.

Evite siglas	Você as conhece, mas e o leitor? Será que ele está familiarizado com elas?
Escreva na ordem direta	Escreva utilizando essa seqüência: sujeito-verbo-complemento. Por exemplo, "Roberto comprou o material" e não "O material foi comprado por Roberto". Afinal, você quer que o leitor entenda a sua mensagem e não os seus pendores poéticos, não é mesmo?
Mostre quem executa a ação	Não escreva coisas do tipo "... e este último disse ao primeiro que aquele entregou a este..." Isso não ajuda, em nada, a compreensão da sua mensagem.
Não queira escrever bonito	Se você quer impressionar o leitor com os seus pendores literários, tudo bem, mas, em matéria de comunicação eficiente, "beleza não se põe na mesa"!

Que Tipo de Comunicador Você É?

Por mais que se definam regras e padrões para a comunicação, a personalidade dos comunicadores contribui muito para o aspecto final da comunicação. Existem certos vícios de comunicação que servem de base para que os "psicólogos amadores" definam a personalidade do "viciado". Vejamos alguns:

- **"Enrolado"** – É o comunicador que não se coloca na posição do receptor da mensagem. Sua comunicação é uma avalanche de idéias desordenadas, desintegradas e ininteligíveis. São pessoas que acham inconscientemente que a comunicação é um fim em si própria e esquecem que ela só terá valor quando o receptor tiver entendido e comprado (ou não) a idéia que está sendo transmitida.
- **"Tecnicista"** – É o adepto dos "dialetos profissionais", ou seja, do economês, do medicinês, do advoguês, do arquitetês, do computês e de tantos outros. Sua linguagem, esteja ele na empresa ou em uma reunião social, é eminentemente técnica. São os indivíduos que, ao escrever uma carta ou um memorando, não precisam colocar antes do nome a sigla de sua profissão. São imediatamente identificados como economistas, médicos, advogados, arquitetos, analistas de computador etc. pela simples terminologia empregada.

Quer que eu cite um exemplo? O anúncio a seguir é verdadeiro e foi tirado de um dos jornais de maior circulação no Estado de São Paulo:

> Imperdível!
> Placa-Mãe Asus, Memória DDR 1,2 Gb, 1 Ghz, Monitor 17" 3D Digital, Placa de vídeo GeForce MX 440 64 Mb com TV, Gravador LG CDRW 48x24x48 / DVD LG 16X (Combo LG), HD Samsung 40 Gb 7.200 RPM, Caixas de Som Harman Kardon, Rede Onboard 10/100, FloppyDrive 1.44, Fax/Modem 56K int. voice Lucent/Netgate V92, Som integrado, Gabinete Torre Média 4 Baias, Teclado 102, Mouse, Mouse pad, capas. Apenas R$ 2.489,50. Aproveite.

Imagine que mensagem esse anúncio pode transmitir ao pobre consumidor, que está pensando em comprar um computador, mas entende muito pouco de informática?

Uma mensagem como esta confunde mais do que informa. Intimida mais do que convence. Certamente o anunciante do computador pagou caro pelo anúncio, não com o objetivo de confundir e intimidar as pessoas, mas, sim, de convencê-las a comprar o seu computador.

Você já notou que o brasileiro gosta de usar siglas! É um tal de IRPJ, RAIS, ONG, AVC, DSR, LAIR, LAJIR, GINECO, CTI, SUS, PIS, CAPES, SSP, HD, RAM, DARF, DARM, BINA, que você acaba repetindo sem saber exatamente o que quer dizer. São utilizadas em determinadas atividades e serviços ou em órgãos governamentais, e temos a impressão de que os técnicos primeiro criam as siglas para depois definir o que elas são. Não é verdade? Um horror! Aliás, contaram-me, certa vez, uma historinha muito interessante que exemplifica bem essa confusão causada pelo uso indiscriminado de siglas:

> Certa ocasião, uma família inglesa viajou para Alemanha à procura de um local para passar as férias de verão. No decurso de alguns passeios naquele país, os membros da família resolveram se instalar numa cidadezinha do interior. Encontraram uma pequena casa de campo que lhes pareceu adequada para a sua futura estadia.
>
> Indagaram sobre o proprietário e souberam se tratar de um pastor protestante (religião predominante na Alemanha) de nome Rudolf, ao qual pediram licença para conhecer o imóvel. A casa agradou muito a todos, não só pela comodidade, mas também pela sua localização. Os visitantes fizeram um acordo com o pastor e adiantaram o pagamento do aluguel.

De volta à Inglaterra, entusiasmados com o negócio feito, começaram a discutir sobre a casa. Foi então que a mãe estranhou não ter visto o WC. Endereçaram ao pastor Rudolf um e-mail nos seguintes termos:

"Gentil Pastor Rudolf, como membros da família que há poucos dias o visitou e alugou a sua propriedade, com a finalidade de usá-la no verão, gostaríamos que nos informasse sobre um detalhe que nos passou despercebido, mas que reputamos de fundamental importância. Muito agradeceríamos se o senhor nos informasse onde fica o WC."

O pastor não conhecia o significado da abreviatura WC, mas, julgando tratar-se da capela da seita inglesa denominada "White Chapel", respondeu com o seguinte conteúdo:

"Prezados Senhores, recebi sua mensagem e tenho o prazer de informar o local a que se refere. Fica a 12 km da casa. Alguns vão de bicicleta e outros vão a pé, visto não haver meios de transporte adequados. Há lugar para 50 pessoas sentadas e 50 em pé (normalmente esperando que alguém saia, para então se sentarem). À entrada, é fornecida uma folha de papel a cada pessoa, e se alguém chegar depois da distribuição, poderá usar a folha do parceiro ao lado. Existem amplificadores de som e ar condicionado para evitar os inconvenientes da aglomeração. As crianças sentam-se ao lado dos adultos e, durante o ato, todos cantam em coro. Tudo o que se recolhe durante o ato é distribuído aos pobres da região, motivo pelo qual fotógrafos tiram fotografias para os jornais da cidade, a fim de que todos possam ver as pessoas no cumprimento de um dever tão humano. O Pastor"

- **"Surdo"** – É a pessoa que não sabe ouvir, não por deficiência física, mas por deficiência de personalidade. Ela "interpreta" e contesta a informação que está sendo dada, antes mesmo que a transmissão tenha sido completada. O problema é que, com esse tipo de pessoa, é muito difícil negociar uma idéia.

- **"Político"** – É a pessoa que reduz tudo a afirmações generalizadas. Ela não se compromete com afirmações de ordem prática, mas impressiona porque escreve o texto com palavras bonitas e porque suas frases se aplicam a qualquer circunstância. Sendo assim, a comunicação raramente conduz a algum resultado prático.

Veja este exemplo:

No afã de cada vez melhor servir a empresa, e no cumprimento irrestrito do dever é que, dando de si o esforço máximo, este departamento concluiu galhardamente o Plano Diretor 2008 de acordo com os Princípios, Normas e Diretrizes emanadas do colendo Conselho de Administração, cujas orientações sempre foram, são e serão a seiva vitalizante desta ciclópica organização.

Mais uma vez, assim, este seu parceiro de trabalho, apesar das transcendentais dificuldades que dia após dia se manifestam, no tempo e no espaço, tornou claro e objetivo que o trabalho, quando fruto consciente do empenho grupal desinteressado, pode, ipso facto, gerar energias criadoras.

Pautados nessas diretrizes é que passamos às respeitáveis e mui dignas mãos de Vs. Excias. o modesto trabalho deste humilde e dedicado colaborador.

Realmente, é de chorar!!! Em qual dos quatro tipos de personalidades de comunicador você enquadraria o autor dessa pérola? Enrolado, tecnicista, surdo ou político?

Já pensou no seu caso? Que tipo de comunicador você é? Talvez você não se enquadre em nenhuma dessas classes. O fato é que o assunto não está esgotado, e, por mais eficiente que seja a sua comunicação, você sempre encontrará formas de melhorá-la.

Já que falamos da comunicação verbal e da comunicação escrita, que tal estudarmos um pouco a comunicação não-verbal? Vale um cafezinho? Claro! Então pegue um café e vamos para o próximo capítulo.

Capítulo 4

A Comunicação Não Verbal

Num colégio estava acontecendo uma coisa muito fora do comum. Um bando de meninas de 12 anos andava pondo batom nos lábios todos os dias, e para remover o excesso de batom, beijava o espelho do banheiro. O diretor estava bastante preocupado porque o zelador tinha um trabalho enorme para limpar o espelho ao fim do dia e, no dia seguinte, lá estavam novamente as marcas de batom no espelho.

Um dia juntou o bando de meninas e o zelador no banheiro e explicou que era muito complicado limpar o espelho com todas aquelas marcas que elas faziam e, para demonstrar como, pediu ao zelador para mostrar como é que ele limpava o espelho. Sem dizer nada, o zelador pegou um pano, molhou-o no vaso sanitário e passou-o no espelho.

Nunca mais apareceram marcas de batom no espelho.

(Autor desconhecido)

Comunicar, segundo os dicionários, é o ato de emitir, transmitir e receber mensagens por meio de métodos e/ou processos convencionados, seja através da linguagem falada ou escrita, seja empregando-se outros sinais, signos ou símbolos, seja, ainda, com o uso de um aparelhamento técnico especializado, sonoro e/ou visual. É a ação de trocar ou discutir idéias, de dialogar, de conversar, com vista ao bom entendimento entre as pessoas. Essa troca pode ser efetivada através de palavras, olhares, gestos, mímicas e até posturas corporais. Assim, pode-se saber muito sobre uma pessoa apenas pela observação de sua comunicação não-verbal.

O problema é que, infelizmente, a maioria de nós, na maior parte do tempo, consegue apenas **olhar** e **escutar** e não verdadeiramente **ver** e **ouvir**. É claro que isso acontece no cotidiano e não somente em nível profissional: olhamos sem ver, escutamos sem ouvir. Isto não é um mero jogo de palavras: a diferença entre olhar e ver e entre escutar e ouvir depende da ampliação da sensibilidade que possibilita captar os matizes das entrelinhas da comunicação[1].

Um simples aperto de mão (firme, seguro, exageradamente forte, inseguro ou displicente), um olhar (sereno, desafiador, temeroso, esquivo ou tímido) ou um riso (malicioso, simpático ou sarcástico) dizem muito daquele de quem emanam.

A comunicação não-verbal é a junção da mímica com o gestual de cada pessoa. Vamos entender, então, o que é a mímica e o que é o gestual:

Mímica	É o mais antigo código de comunicação. Era utilizada muito antes da fala. Para o comunicador atento, que não perde o contato com os olhos do comunicado, representa uma constante fonte de informações, que chamamos de "*feedback* não verbal". Pelo contato dos olhos, o interlocutor controla a mímica do receptor e reúne elementos para compreender suas reações. A interpretação da linguagem corporal do receptor permite, no momento oportuno, que se mude ou que se mantenha a estratégia da conversa.
Gestual	É o movimento do corpo, em especial da cabeça e dos braços, para exprimir idéias e sentimentos ou para realçar a expressão. A comunicação gestual engloba algumas funções importantes para a comunicação entre as pessoas:

Informação por sinais	A linguagem dos gestos pode funcionar como substituto da palavra, empregando-se dedos e mãos, de modo simbólico. Exemplo: o pedido de tempo no basquete, o sinal de OK, positivo, negativo etc.
Reforço	São os movimentos da cabeça ou das mãos que servem para valorizar ou refutar as expressões verbais. Exemplo: vou dar um telefonema, um beijo etc.
Auto-expressões	O gestual pode projetar a auto-imagem que se deseja. Exemplo: a altivez do executivo de terno e gravata, o informalismo do esportista de bermuda e tênis, a malemolência do malandro etc.

---

1. MALDONADO, Maria Tereza; CANELLA, Paulo. *Recursos e relacionamento para profissionais de saúde.* Rio de Janeiro: Ed. Reichmann & Affonso, 2003.

Um bom observador, ao entrar em contato com outra pessoa, sabe de imediato com quem está lidando, através da observação de suas atitudes, forma de olhar, possíveis tiques nervosos, tom de voz, porte e aspecto físico, traje etc. Isso é possível porque muito do que comunicamos é inconsciente, ou seja, fazemos sem perceber.

Veja a seguir como é possível interpretar alguns sinais gestuais das pessoas com quem você mantém contato:

Sinal	Interpretação
Gestos cruzados	Cruzar braços ou pernas é sempre um gesto de confinamento, um modo de se fechar.
Gestos vagarosos e deliberados	Essa pessoa está se acalmando, controlando as idéias antes de atacar um ponto com firmeza. É uma pessoa planejadora.
Encostar-se em alguma coisa	Essa pessoa precisa de contato e se sente confortável na presença de outras pessoas.
Falta de movimentos	Uma pessoa que mantém o corpo imóvel está esperando que ninguém repare nela. Também pode estar ouvindo ou planejando silenciosamente. Essa pessoa precisa ser vista e tratada com cuidado.
Ilustrar com objetos ou com o corpo	Se alguém move objetos sobre a mesa para reforçar alguma coisa que está dizendo, é do tipo expansivo e sabe o que quer, mesmo que tente não se envolver muito. Pessoas assim são realistas, não sonhadoras. Se usam os dedos e as mãos para ilustrar, estão próximas das idéias, como se estivessem tentando tocá-las. Possuem um modo bem pessoal de ver as coisas.
Gestos abertos e fechados	Geralmente gestos abertos demonstram confiança, enquanto os fechados indicam um retraimento da pessoa.
Inclinar-se para a frente ou recostar-se à cadeira	Aproximar o corpo pode significar um gesto de amizade ou interesse da pessoa por você. Encostar-se na cadeira indica uma breve diminuição do interesse, algo do tipo "deixe-me pensar um pouco".

Sinal	Interpretação
Erguer a cabeça	Manter a cabeça erguida é um sinal de interesse. Significa que a pessoa está aberta e receptiva à sua opinião.
Mãos sobre a mesa	É uma pessoa inteiramente dedicada aos negócios e que não está a fim de perder tempo com suas explicações. Com pessoas assim, vá direto ao assunto.
Mãos nos quadris	Revela uma pessoa provocativa, entretida ou ansiosa para entrar logo no assunto principal. Esse gesto também pode indicar antagonismo ou desafio.
Mãos nos bolsos	Indica uma sensação de conforto. Significa que a pessoa está centrada em si mesma.
Dedo em riste	A pessoa está afirmando sua autoridade ou ilustrando um fato. Esse gesto também pode indicar antagonismo, desafio ou ameaça. Nesse caso, ela o vê com hostilidade e está lhe passando uma repreensão.
Contar nos dedos	Gesto típico de uma pessoa lógica e sensata, que separa os fatos na mente ao apresentá-los.
Manter os dedos esticados enquanto conta	Essa pessoa tem os planos bem claros na mente e sabe aonde eles podem levá-la. Para encantá-la, use a lógica.
Braços cruzados à frente do corpo	É uma forma de a pessoa se resguardar, de mostrar medo, timidez, força ou poder. Mas cuidado: esse gesto também pode ser apenas um sinal de que ela está com frio.

Abra os Olhos, Eles Facilitam a Comunicação

Conta uma lenda que, depois de Deus haver criado a raça humana, os seus assessores entraram numa discussão a respeito de onde esconder as respostas para as questões da vida, para que os seres humanos se vissem forçados a procurar muito antes de encontrá-las.

— Podemos escondê-las no topo de uma montanha. Eles nunca irão procurar lá — disse um deles.

— Não — disseram os outros. — Eles logo as encontrarão.
— Podemos ocultá-las no centro da Terra. Eles nunca irão procurar lá — sugeriu outro assessor.
— Não — replicaram os outros. — Eles logo as encontrarão".
Então outro assessor propôs escondê-las no fundo do mar.
— Não — disseram os outros. — Eles logo as encontrarão.
Todos se calaram. Depois de algum tempo outro assessor sugeriu:
— Devemos colocar as respostas às questões da vida dentro dos seres humanos.
— Dentro deles mesmos? — retrucaram os outros. — Mas por quê?
— É o único lugar onde eles nunca procuram respostas para os seus problemas.
E assim fizeram.

Antes de continuarmos, vamos fazer um exercício mental:

1. Qual foi o melhor dia da sua infância?
2. Como era a voz da sua professora mais querida?
3. Qual é a fruta que tem o gosto mais marcante?

Você notou o que aconteceu na sua mente para cumprir essas tarefas? Para obter essas informações, você precisou acessar certas classes distintas de experiências passadas – as imagens, os sons, as palavras e as sensações que fazem parte das suas memórias e fantasias.

"Pistas de acesso" são comportamentos não-verbais que indicam como a informação foi colocada à disposição da sua mente. São os movimentos dos olhos que indicam como uma pessoa pensa – se através de imagens, palavras ou sensações.

Quando se observa uma pessoa e os olhos dela estão voltados para cima e para a direita (da pessoa), significa que ela está criando as imagens (por exemplo, a imagem de como ela ficaria se usasse determinado tipo de roupa). Você também já deve ter passado pela experiência de fazer uma pergunta a alguém que, para responder, desviou o olhar para cima e para a esquerda (da pessoa) e disse: "deixe-me ver..." e viu. Significa que ela buscou a resposta em seu banco de imagens visuais.

Captou a idéia? As pistas de acesso podem ser detectadas pela simples observação dos movimentos dos olhos das pessoas.

Preste atenção especificamente nas pessoas destras e veja o que indica o movimento dos olhos delas nas direções indicadas a seguir[2]:

Movimento dos olhos	Informação
Olhos voltados para cima e para a esquerda	A pessoa procura lembrar de imagens de coisas já vistas antes.
	Exemplos de perguntas que provocam esse tipo de acesso: "Qual a cor dos olhos de sua mãe?"; "Como era a primeira casa em que você morou?"; "De que cor é a porta da frente do seu apartamento?"; "Quantos andares tem o edifício onde você mora?"
Olhos voltados para cima e para a direita	A pessoa procura imagens de coisas nunca vistas antes.
	Exemplos de perguntas que provocam esse tipo de acesso: "Como seria um elefante azul de bolinhas amarelas?"; "Qual seria a sua aparência se você tivesse cabelos verdes e olhos vermelhos?"; "Como você ficaria de cabelo roxo?"; "Em um mapa de cabeça para baixo, em que direção ficaria o Sul?"
Olhos na linha média e voltados para a esquerda	A pessoa procura lembrar de sons já ouvidos antes.
	Exemplos de perguntas que provocam esse tipo de acesso: "Como é o alarme do seu despertador?"; "Como é o som de uma cachoeira?"; "Qual a primeira palavra que você disse hoje?"; "Qual é o seu tipo preferido de música?"; "Como seria sua voz debaixo d'água?"; "Qual seria o som de uma serra elétrica cortando uma chapa de aço?"

---

2. Texto adaptado do artigo *Conheça a PNL: Programação Neurolingüística* de Virgílio Vasconcelos Vilela, extraído do livro *PNL: a nova tecnologia do sucesso*, de Steve Andreas e Charles Faulkner. Ed. Campus.

Movimento dos olhos	Informação
Olhos na linha média e voltados para a direita	A pessoa procura palavras e sons nunca ouvidos antes.
	Exemplos de perguntas que provocam esse tipo de acesso: "Se você fosse criar uma música agora, como ela seria?"; "Se você pudesse fazer uma pergunta ao presidente Lula, o que diria?"; "Você consegue ouvir um papagaio dizendo seu nome carinhosamente no seu ouvido direito?"; "E no esquerdo?"; "Como é apertar uma tecla de um piano e ouvir uma explosão?"
Olhos voltados para baixo e para a esquerda	A pessoa procura falar consigo mesma.
	Exemplos de perguntas que provocam esse tipo de acesso: "Diga algo a você mesmo, algo que você se diz freqüentemente"; "Recite um verso mentalmente"; "Em que tom de voz você diz algo a si mesmo quando verifica que fez um bom trabalho?"; "O que você diz para si mesmo quando algo dá errado?"; "Quando fala consigo mesmo, de onde vem o som?"
Olhos voltados para baixo e para a direita	A pessoa procura sentir emoções e sensações.
	Exemplos de perguntas que provocam esse tipo de acesso: "Como é a sensação de correr?"; "Como você se sentiu hoje pela manhã, logo que acordou?"; "Qual é a sensação da água no seu corpo quando você nada?"; "Como é a sensação de apertar o dedo na porta?"; "Como é o pêlo de um gato?"; "Qual de suas mãos neste momento tem mais sensibilidade?"

Como você já deve ter percebido, os padrões acima são para pessoas destras. Para pessoas canhotas, os padrões são invertidos: o acesso visual construído é observado do lado esquerdo, o visual lembrado, do lado direito e assim por diante. Difícil? Não, é só uma questão de treino. Que tal começar agora mesmo, com a pessoa que está aí ao seu lado? Tome um pouco de cuidado para não encará-la demais, afinal, nunca se sabe o que os outros vão pensar a respeito!!!

Se o nosso negócio é vender idéias para os outros, para que serve o conhecimento e a prática em relação às pistas de acesso? Simples. Não são os movimentos dos olhos que indicam como uma pessoa pensa? Portanto, sabendo como ela pensa, você poderá:

- fazer com que essa pessoa tenha acesso ao tipo de experiência que você achar necessário para que ela compreenda o que está sendo comunicado;
- saber se ela está realmente ouvindo, vendo, sentindo ou se está "longe", absorta em seus pensamentos;
- estabelecer um bom contato mental, de maneira suave, eficaz e elegante.

Se, em último caso, você achar que realmente esse conhecimento não serve para nada, aceite uma humilde sugestão: utilize as pistas de acesso para você mesmo se lembrar, com maior facilidade, por exemplo, do caminho que você percorreu para chegar a determinado local ou do lugar em que guardou um objeto que não está conseguindo encontrar. Ah, agora você ficou interessado, não é? Quer saber como isso é possível? Basta você voltar os olhos para cima e para a esquerda! Lembra?

Espelho, Espelho Meu!

Agora, vamos falar com o seu corpo. Ah, ah! Você pensou que eu ia deixar isso de lado, não é? Então, dê uma olhadinha no espelho e procure se ver de corpo inteiro. Note que ele também comunica e vende idéias (claro, todas a seu respeito!). Sabe daquela história do "espelho, espelho meu, existe alguém mais bela do que eu?" Pois é, há pessoas que colocam um espelho bem pequeno no banheiro só para ver o rosto e esconder o resto do corpo. Já sei, você também conhece pessoas assim.

Pensando melhor, esse pessoal não está de todo errado. Afinal, o rosto é a parte nobre do corpo. Para uma pessoa se comunicar com sucesso, o rosto precisa ser expressivo, pois, de maneira geral, gostamos mais das pessoas que nos olham com carinho, com atenção, que sorriem e que choram. Por outro lado, não gostamos das que desviam o olhar ou que têm uma expressão de pedra.

Como já vimos anteriormente, no rosto, o que mais marca são os olhos, a ponto de os poetas dizerem que os olhos são o espelho da alma. É através de um olhar que as pessoas se apaixonam, os pais educam, um boxeador intimida o outro, os seguranças se comunicam e as pessoas se atraem e se repelem.

O que dizer do sorriso? Em um processo de comunicação, ele é a porta que se abre, a luz que se acende, a alegria que contagia, a esperança que renasce ou a antevisão do sucesso. Talvez o sorriso seja o mais simples, o mais puro e o mais importante dos meios de comunicação. Quantas pessoas você conhece que sorriem sempre, mesmo passando por problemas e dificuldades? São pessoas positivas e determinadas. Procure viver cercado delas. Infelizmente o negativismo é uma praga de difícil erradicação. Isso faz com que vivamos cercados de uma maioria que nunca sorri, mesmo que nem tudo esteja tão ruim assim. Portanto, não seja mais um transmissor do negativismo: sorria e coisas alegres acontecerão, para você e para os que o cercam.

Se o rosto é importante para a comunicação, o corpo também é. O corpo fala, o corpo se comunica, o corpo diz muitas coisas. Ele transmite mensagens ou informações e fala de nosso estado de espírito, de nossa maneira de ser, de nossa educação e de nosso íntimo. Pense comigo: se todos nós ficássemos mudos de repente, que conversas incríveis surgiriam!!!

Se tivéssemos condições de nos vermos em contato com as pessoas, teríamos a oportunidade de descobrir coisas até então desconhecidas ou mesmo engraçadas dos outros e de nós mesmos. Procure observá-los e observar a si mesmo. Você fala, gesticula, movimenta-se, senta-se, levanta-se, cruza as pernas, descruza as pernas, enfim, você não pára. Isso está errado? Não, está certo, pois você é assim. Algumas coisas lhe acontecem com tal freqüência e naturalidade que você mesmo não saberia fazer uma análise da sua atuação. As outras pessoas que o cercam, porém, o escutam, o observam, o analisam ou o criticam. É pela postura corporal que as pessoas julgam a nossa educação, o nosso íntimo ou o "berço" de onde viemos.

Sendo assim, para você melhorar a sua postura, não precisa comprar um espelho maior para poder se ver de corpo inteiro. Basta observar as seguintes regrinhas para manter uma boa postura corporal quando você conversa ou fala em público:

- Não fique imóvel como uma estátua, nem se movimente como um fantoche.

- Evite gestos muito abertos e espalhafatosos.
- Evite gestos contraditórios com o que você está dizendo.
- Evite manter uma postura empertigada.
- Mantenha os pés ligeiramente afastados. Isso lhe dá equilíbrio e tira a rigidez militar.
- Se tiver de falar sentado, evite poltronas macias e fundas.
- Evite manter as mãos nos bolsos, nas costas ou os braços cruzados. Se as mãos parecem estorvar, segure uma com a outra.
- Evite fazer gestos iguais, com ambos os braços.
- Mantenha os dedos ligeiramente abertos, como quem segura um objeto frágil. Evite mantê-los excessivamente abertos ou recurvados, como garras.
- Evite unir o indicador e o polegar (gesto doutoral ou de OK), pois, além de antipático, aqui no Brasil é considerado obsceno.
- Mantenha, sempre que possível, um leve sorriso nos lábios, de preferência, mostrando os dentes.
- Se tiver de falar em público ou em uma grande roda de pessoas, não fixe o olhar apenas em um pequeno grupo, mas procure variar a direção para onde olha. Em um auditório, você deve varrê-lo com o olhar, da esquerda para direita e vice-versa.
- Evite manter os olhos baixos (significa timidez) e as sobrancelhas contraídas (significa amargura, preocupação).

E o que falar das gafes e dos cacoetes? Se forem exagerados, corrija-os. Pode lhe parecer profundamente difícil, mas não é. Só o simples fato de analisá-los fará com que você comece a implicar com eles. Exatamente como acontece com quem ouve e convive com você. Sendo assim, evite:

- Coçar a orelha ou a cabeça.
- Puxar o nariz, como se você estivesse em constante coriza.
- Ajustar constantemente a calça à cintura. Que tal apertar um pouco mais o cinto?
- Estalar os dedos.
- Levar a mão à boca, cobrindo-a totalmente.

- Maneirismos verbais do tipo: Ah!... Tá!... Então!... Certo!... Bom!... Né?... Não é?... Compreendeu?... (são desagradáveis e fazem com que a pessoa que o ouve perca a atenção no que você está querendo dizer).

Procure observar suas gafes, enganos ou mesmo erros. Se cometê-los, não perca muito tempo com eles. Corrija-se imediatamente e vá em frente, como se nada tivesse acontecido. Agindo assim, os ouvintes o desculparão e você sairá ileso dessa situação.

Para encerrar essa análise da comunicação não-verbal, que tal falarmos da aparência? O que você vê quando se olha no espelho? Você vê a-pa-rên-cia. Longe de cultuarmos "mauricinhos" e "patricinhas"; ter boa aparência, basicamente, é ser elegante. E ser elegante, em última análise, é estar bem consigo mesmo e com o mundo. É a nossa vontade de agradar os outros, é a soma do cuidado consigo mesmo com a roupa, a maquilagem, a escolha das cores e as boas maneiras.

É importante lembrarmos que nossa beleza, nossa elegância, nossa simpatia e nosso bom humor devem ser cultivados e treinados. Devemos ter em mente que as pessoas à nossa volta devem guardar nossa melhor imagem, nosso melhor sorriso. No trabalho ou em casa, cuide-se, arrume-se, pois essa não só é a melhor maneira de agradar os demais, como também, e principalmente, a melhor maneira de agradar a si mesmo.

Ao vender suas idéias, é preciso lembrar que elegância não se percebe apenas no trajar, no vestir, no aparecer. Qualquer vendedor sabe que elegância tem uma amplitude maior. É a educação, são as normas de conduta, é o caráter, é o sistema de vida. A elegância está na maneira de você agradecer um favor, está na escolha de um presente e está, principalmente, na maneira como você trata um funcionário, uma pessoa idosa ou uma criança.

Bem, agora que já fizemos um verdadeiro *check-up* na sua maneira de se comunicar, aqui vai um último conselho: seja o mais natural possível. Como? Simples. A exemplo de tudo o que vimos sobre comunicação até agora, naturalidade só se consegue com muito treino.

Que tal darmos uma olhada nas questões relativas ao estado atual da comunicação empresarial? O que acha? Então, vamos para o próximo capítulo.

Capítulo 5

Uma Visão Atual da Comunicação Empresarial

O sucesso das organizações depende diretamente do nível de motivação de seus clientes internos. Quanto mais informado estiver o funcionário, mais ele pode contribuir para o crescimento da organização, já que possui total conhecimento de suas ações e procedimentos. Desenvolver uma comunicação interna eficiente e dinâmica é uma forma efetiva e eficiente de garantir um ambiente agradável e produtivo às organizações.

A imagem é o maior patrimônio da empresa. Por conseguinte, a comunicação empresarial – quando utilizada de maneira racional e criativa – pode ser a mais eficiente ferramenta do marketing da organização.

Existem basicamente duas vertentes de comunicação quando se pensa em uma empresa:

Comunicação interpessoal	É a comunicação entre os funcionários. Normalmente todas as organizações enfrentam (e tentam resolver) problemas de comunicação interna. E por que isso? Porque comunicação interna todo mundo faz. O desafio, entretanto, é fazê-la de modo que os funcionários saibam da importância de ter uma excelente comunicação interpessoal para a obtenção dos resultados esperados em todos os setores.

O êxito da comunicação interpessoal envolve dois valores fundamentais:

1. **Respeito humano incondicional.**

   Quando nos comunicamos com alguém, independentemente da pessoa com quem se fala, de hierarquias ou eventuais subordinações organizacionais, devemos a ela um respeito irrestrito, o que implica um tratamento gentil, respeitoso, delicado e com a devida consideração. O que importa é que esses valores permeiem sempre a conduta do comunicador.

2. **Crença naquilo que se comunica.** Imagine que seu chefe lhe peça que comunique alguma coisa a seus subordinados e você não concorde com o que ele está pedindo. Certamente a sua comunicação será prejudicada, porque você não está convencido da veracidade dela. Nesse caso, o pior está por vir. As pessoas que ouvem percebem a falta de credibilidade de quem está comunicando, o que gera dúvidas e desconfianças. Percebeu? É por isso que a boa comunicação exige do comunicador um posicionamento positivo em relação àquilo que vai ser comunicado.

Esses valores da comunicação estão acima dos valores da empresa, porque são valores humanos e pessoais. Se você começar a fazer concessões em relação a esses valores, ocorrerá a sua descaracterização, transformando-o, ao longo do processo, em uma espécie de ator, que comunica, mas não vende, que profere belos discursos, mas não convence.

Comunicação institucional

É aquela processada de cima para baixo e, por isso mesmo, muito mais formal. É quando a alta cúpula da organização toma alguma decisão e tem necessidade de comunicá-la ao seu público interno.

A comunicação institucional abrange tudo o que diz respeito à forma como a organização implementa seus processos. Pode ser a introdução de uma metodologia de trabalho, uma nova técnica, a aquisição de uma outra empresa, o fechamento de uma unidade ou um novo procedimento administrativo.

É fundamental que a empresa comunique todos os seus passos, a sua trajetória, os seus projetos e perspectivas. As empresas modernas estão adotando uma postura de transparência com o objetivo de gerar o comprometimento. A idéia é a seguinte: se a organização espera comprometimento das pessoas com aquilo que está sendo comunicado, ela precisa, em contrapartida, ter comprometimento com a verdade e a transparência.

Acredito que, quando se fala em comunicação empresarial, vale aquela velha máxima do mestre Chacrinha[1] "quem não se comunica, se trumbica". A empresa se "trumbica" porque perde agilidade, criatividade, visibilidade, transparência, oportunidades, negócios, clientes, mercado, perde, perde... perde.

Para você entender melhor como funciona a comunicação empresarial, vou dividi-la em dois blocos: atitudes e políticas.

Atitudes Neste bloco, cada funcionário é treinado e levado a ter atitudes coerentes com os princípios que a organização deseja demonstrar ao mercado: boa imagem, ética, agilidade, flexibilidade etc.

Dessa forma, cada organização é a expressão do comportamento de seus funcionários. Sem eles, a empresa consiste apenas em um aglomerado de utensílios e equipamentos, aos quais só o ser humano pode dar vida. Assim, as atitudes dos funcionários são o que o público percebe de maneira explícita no contato com a organização.

Já sei. Você entendeu, mas quer um exemplo. Vamos a ele: o Banco X investe uma fortuna em publicidade, anunciando que o

---

1. Abelardo Barbosa, o Chacrinha, nasceu em 20/01/1916, em Pernambuco. Trabalhou quase 50 anos no rádio e na televisão, consagrando-se como o primeiro comunicador do Brasil. Seus programas de calouros, como a Discoteca do Chacrinha, a Buzina do Chacrinha e o Cassino do Chacrinha, foram sucesso em todas as emissoras nas quais ele trabalhou: TV Tupi, TV Rio, TV Bandeirantes e TV Globo. É o autor de expressões que se popularizaram por todo o Brasil, como "Quem não se comunica, se trumbica!"; "Eu vim para confundir e não para explicar"; "Terezinhaaaaaa"; e "Vocês querem bacalhau?" E jogava o bacalhau para a platéia, o pepino ou o abacaxi, não importava. Seus programas eram cheios de calor humano e divertidíssimos. Faleceu em 30/07/1988.

cliente está em primeiro lugar. Você chega lá, encontra uma fila monumental no labirinto das filas únicas, vê que há 7 guichês e que só quatro funcionam. Perde 45 minutos para chegar ao guichê e é informado pelo caixa que, por não ter preenchido o carnê, não vai poder pagar a conta ali. Percebeu? A atitude do caixa nada tem que ver com a campanha publicitária do banco, ou seja, o funcionário não comprou a idéia de que "o cliente vem em primeiro lugar".

Políticas   São aquelas diretrizes da organização que estão armazenadas em volumes bem encadernados. São as leis da empresa e, como acontece com todo conjunto de leis, existem as boas e as más (segundo a visão dos clientes e funcionários) e, em conseqüência, as que são cumpridas e as que não são.

É dessas políticas que emanam as atitudes que regem a vida da empresa e que o público percebe. Quer um exemplo? Então voltemos ao Banco X. A lei é "qualquer erro no caixa significa descontos nos salários de todos os caixas da agência". A atitude dos caixas passa a ser evitar o erro próprio e cobrar dos colegas mais atenção no atendimento do guichê, pois qualquer descuido significa desconto nos vencimentos do fim do mês.

Muitas empresas têm o mau hábito de permanecer imutáveis. Uma vez instaladas, param no tempo e no espaço. Os processos são arcaicos e a cabeça das pessoas vai criando teias de aranha até o ponto em que só um terremoto mental pode fazer alguma coisa para mudar essa situação. A conversa é sempre a mesma: "Sempre fizemos assim, por que mudar?".

O mundo exige das organizações mudanças contínuas para que se mantenham à frente da concorrência e, por isso mesmo, as pessoas precisam aprender a conviver com as mudanças. É preciso mudar para acompanhar as tendências do mercado – cada vez mais globalizado e competitivo – e para sobreviver em um mundo cada vez mais complexo e agressivo. Mudar gera desconforto, exige coragem e visão estratégica. Coragem para assumir riscos e visão estratégica para saber aonde se quer chegar. Além disso, para promover mudanças, é preciso modificar a cabeça das pessoas. Como fazer isso? Para essa cirurgia mental, a melhor arma é a comunicação. Ela tem o poder de oxigenar os ambientes, humanizar as relações entre as pessoas, criar um bom clima e acabar com o mofo da acomodação que normalmente infesta as organizações.

Atualmente, surgem na contra-mão da comunicação eficaz o apego ao passado, a perpetuação de idéias ultrapassadas e a cristalização dos meios de informação. Para sair dessa situação e melhorar o processo de comunicação empresarial, é preciso mudar, trocar o velho pelo novo, o ultrapassado pelo moderno ou o ineficiente pelo eficaz, buscar novas formas, atualizar as velhas, "espanar a poeira" e colocar novos ingredientes. Enfim, a comunicação exige evolução constante, inovação e ousadia. Algo que faça com que os funcionários realmente entendam o que se espera deles e executem com entusiasmo as atividades esperadas, até para evitar situações como esta:

> Conta a história que em Nairobi, no Quênia, depois de um extenso processo de recrutamento e seleção de candidatos, com entrevistas, testes e dinâmicas, uma grande empresa contratou um grupo de canibais. Depois de todo o processo de integração, o Diretor de Recursos Humanos resolveu aproveitar a cerimônia de boas-vindas para dar o recado que ele achava mais do que oportuno:
> — Agora vocês fazem parte de uma grande equipe e por isso, vão desfrutar de todos os benefícios da empresa. Por exemplo, vão poder freqüentar o nosso centro de lazer, a nossa biblioteca e a nossa lanchonete sempre que quiserem comer alguma coisa. Só peço uma coisa muito importante: por favor, não comam os outros empregados!
> Quatro semanas mais tarde, o Diretor de RH chamou todo o grupo novamente para uma conversa séria:
> — Vocês estão trabalhando duro e eu estou muito satisfeito com essa atitude, mas uma coisa está me deixando muito intrigado. Não quero fazer mau juízo de vocês, até porque não sou dado a prejulgamentos, mas a senhora do cafezinho desapareceu. Algum de vocês sabe o que pode ter acontecido?
> Silêncio sepulcral. Todos os canibais negaram com a cabeça. Depois que o chefe foi embora, o líder canibal pergunta, muito irritado:
> — Eu quero saber e já! Quem foi o idiota que comeu a senhora do cafezinho?
> Um deles, timidamente, ergue a mão. O líder demonstrando toda a sua irritação, dispara furioso:
> — Mas você é um asno, mesmo! A vontade que eu tenho é de te arrancar as orelhas! Há quatro semanas estamos comendo gerentes e ninguém percebeu nada ..., mas não ..., o bonitinho tinha que estragar tudo e comer justo a mulher do cafezinho!!!

Algumas organizações, com o intuito de resguardar informações para os níveis gerenciais, acabam por transformar seus departamentos em feudos comandados por executivos que não conseguem transmitir entusiasmo à sua equipe. Conseqüentemente, a esperada colaboração e a desejada iniciativa de seus subordinados dão lugar à inesperada passividade. Ora, os modernos conceitos de gestão de recursos humanos pressupõem uma participação ativa e participativa de todos os colaboradores. Mesmo conservando os dados confidenciais, é possível transmitir informações relevantes e conceitos importantes que todos devem ter em mente.

Felizmente, existem organizações que sabem ousar na comunicação interna. Por ter um grau de adaptabilidade e flexibilidade muito maior às mudanças, elas têm menos dificuldades para se adequar ao que quer que seja, têm seu pessoal sempre preparado e disposto e, assim, efetuam rapidamente as adequações necessárias sem grandes traumas.

Essas organizações entenderam que a comunicação é uma poderosa ferramenta de marketing, tanto para uso externo (na promoção e venda de produtos e serviços) como para uso interno (na promoção e vendas de idéias). E, sob esse aspecto, o marketing passa a ser um recurso de uso geral na empresa e não uma exclusividade do departamento de marketing.

Você deve ter notado que estamos deixando de lado os métodos tradicionais de comunicação interna das organizações – circulares, memorandos, *e-mails*, bilhetes, recados, ofícios etc. –, menos pelo método em si e mais pelo conteúdo que eles transmitem, e buscando uma forma mais eficaz de transmitir as mensagens, em que o importante deixa de ser a informação transmitida e passa a ser a venda da idéia contida na informação. Algo do tipo "se você entendeu o que eu quis dizer e comprou a idéia, não importa o meio pelo qual eu consegui essa façanha". Em um processo de comunicação mais eficaz em que os fins justificam os meios, as pessoas são incentivadas a fazer determinadas coisas, num processo claro de troca – do tipo "não é isso o que você deseja? Então, faça isso que eu quero, do jeito que eu quero, no prazo que eu quero, que eu lhe dou o que você deseja, do jeito que você deseja, no prazo que você deseja. Negócio fechado?".

É nesse processo que a comunicação interna passa a ser vista mais como um constante marketing de incentivos utilizado em todos os níveis da organização. Não importa o que eu estou vendendo, o que importa é manter você permanentemente motivado através de doses continuadas de incentivos.

Note que esse é o momento certo para promover essas mudanças. A cada dia que passa há uma disputa mais acirrada entre as pessoas e, em virtude disso, indivíduos e empresas procuram estar sempre um passo à frente de seu concorrente, pois essa é a essência da competição num mercado cada vez mais globalizado. Junte-se a isso o fato de o ser humano preservar um sentimento nato de competição, uma necessidade intrínseca de ser melhor do que os outros no que faz, seja no ambiente de trabalho ou no dia-a-dia, e, pronto, descobrimos como o marketing de incentivos trabalha: buscando "atiçar" as pessoas com o intuito de "atingir em cheio" sua motivação.

A pessoa motivada é aquela que consegue extrair o máximo das próprias potencialidades, que é capaz de fazer emergir verdadeiras "vantagens competitivas" em relação aos concorrentes. E mais, as empresas que utilizam esse sistema de comunicação interna já perceberam a grande vantagem de sua aplicação, visto que o incentivo torna a motivação das pessoas mais duradoura, com um prolongado efeito residual.

Este sistema de comunicação interna com base na venda de idéias é uma ação planejada e estruturada para motivar as equipes de trabalho, sejam elas de vendas, serviços pós-venda, assistência técnica, controle de qualidade, atendimento ao cliente, finanças, produção, computação, enfim, de qualquer segmento produtivo da empresa, oferecendo recompensas e prêmios diferenciados e efetivamente cobiçados por seus funcionários e que serão entregues aos profissionais que mais se destacarem no tratamento das idéias comunicadas.

Normalmente, busca-se através desse processo de venda de idéias incrementar vendas, antecipar receitas, reduzir estoques, lançar novos produtos, aumentar o nível de satisfação dos clientes externos, recuperar cobranças atrasadas, aumentar a satisfação dos funcionários, diminuir custos, aumentar produtividade, manter clientes, reduzir o desperdício, incrementar programas de qualidade, aperfeiçoar a assistência técnica etc.

Diante do exposto, você pode perceber que uma mudança radical no sistema de comunicação interna não é nenhum "bicho-de-sete-cabeças", desde que se quebre o paradigma da comunicação tradicional e do funcionário-padrão – aquele que somente é conhecido pelo crachá e reconhecido pelo cumprimento diário do horário de trabalho. Nessa nova visão da comunicação, surge a "venda de idéias" e o "cliente interno", que, a exemplo do cliente externo, deve ser encantado diariamente para que continue querendo trabalhar na empresa.

Vender idéias para o cliente interno. Já sei... Como é possível fazer isso? Calma. Pegue mais um cafezinho e vamos para o próximo capítulo.

Capítulo 6

Como Vender as Suas Idéias

Muitas das grandes idéias que hoje prevalecem em nossa sociedade foram alvo de violenta oposição no passado. As boas idéias merecem ser vendidas.
(Jesse S. Nirenberg)[1]

Assim como há escritores e leitores, artistas e espectadores, existem também autores e receptores de idéias. E, em poder de empresários e executivos de bom senso, uma boa idéia pode transformar-se em uma ferramenta indispensável para encantar os clientes, reduzir custos, maximizar lucros, aumentar a qualidade dos serviços e agilizar os negócios.

Atualmente no Brasil, uma idéia inovadora e fundamentada de maneira sólida tende a ser especialmente valiosa. Que o digam os entendidos em gestão do capital intelectual das organizações. No entanto, embora não faltem criadores de idéias, aqui como em outros países, existe um verdadeiro abismo entre o autor de novas propostas e os profissionais para os quais elas foram planejadas, abismo esse denominado "dificuldade de vender as idéias".

Não é fácil vender idéias. O fato de elas serem oportunas, sensatas e compreensíveis não equivale a dizer que os outros estejam prontos a aceitá-las. Com muita freqüência, as pessoas antepõem barreiras irracionais às idéias alheias. Assim, é indispensável que você domine determinadas técnicas para vencer essas barreiras mentais. E isso requer paciência e sensibilidade, assim

---

1. NIRENBERG, Jesse S. *A psicologia da comunicação*. São Paulo: Ed. Ibrasa, 1981.

como fluência e clareza de comunicação, tendo sempre em mente que você deve estar absolutamente convencido da excelência da sua idéia.

Por outro lado, é preciso estar apto também a perceber se você mesmo não tende a resistir irracionalmente às objeções do interlocutor. Se isso ocorrer, haverá mútua resistência e interação adversa, prejudicando toda e qualquer tentativa de negociação mental.

A resistência às novas idéias não é um fenômeno contemporâneo. Muitas das grandes idéias que hoje prevalecem em nossa sociedade foram alvo de violenta oposição no passado. Quer ver alguns exemplos marcantes?

Frase	Autor
"Broca para petróleo? Você quer dizer furar o chão para encontrar petróleo? Você está louco!"	1859 – Operários que Edwin L. Drake tentou contratar para seu projeto de prospecção de petróleo.
"Este tal de telefone tem inconvenientes demais para ser seriamente considerado como um meio de comunicação. Esta geringonça não tem nenhum valor para nós."	1876 – Memorando interno da Western Union.
"Aviões são brinquedos interessantes, mas sem nenhum valor militar."	1911 – Marechal Ferdinand Foch, Professor de estratégia, Ecole Supérieure de Guerre, Paris.
"A caixa de música sem fio não tem nenhum valor comercial imaginável. Quem pagaria para ouvir uma mensagem enviada a ninguém em particular?"	1920 – Sócios de David Sarnoff em resposta à sua consulta urgente sobre investimentos em rádio.
"Quem se interessaria em ouvir os atores falando?"	1927 – H. M. Warner, da Warner Brothers, no auge do cinema mudo.
"O conceito é interessante e bem estruturado, mas para merecer uma nota melhor do que 5, a idéia deveria ser viável."	1930 – Um professor da Universidade de Yale em resposta a uma tese de Fred Smith que propunha um serviço confiável de malote. Smith viria a ser o fundador da Federal Express Corp.
"A televisão não dará certo. As pessoas terão de ficar sentadas olhando para a sua tela, e a família média americana não tem tempo para isso."	1939 – The New York Times, na apresentação do protótipo do aparelho de TV.

Frase	Autor
"Penso que há talvez no mundo um mercado para, no máximo, cinco computadores."	1943 – Thomas Watson, presidente da IBM.
"No futuro, os computadores não pesarão mais do que 1,5 tonelada."	1949 – Popular Mechanics, prevendo a evolução da ciência.
"Nós não gostamos do som deles, e música de guitarra está em franco desaparecimento."	1962 – Decca Recording Co., ao rejeitar os Beatles.
"Não há nenhuma razão para que alguém queira ter um computador em casa."	1977 – Ken Olson, presidente e fundador da Digital Equipment Corp.
"640 K é mais do que suficiente para qualquer computador."	1981 – Bill Gates, dono da Microsoft.

Notou cada "mancada" incrível? As pessoas temem as novas idéias por várias razões. A resistência começa com uma dúvida do tipo "e se não der certo?" Claro que toda idéia nova implica um risco. Afinal, idéias costumam significar mudanças. E mudanças podem ser desconfortáveis. Por isso, vender idéias também é um exercício de persistência e persuasão.

Como você pode perceber, não são poucos os atributos necessários para quem quer vender idéias. Paciência, bom planejamento, clareza na apresentação, fluência, rigorosa fundamentação, interesse, charme, persistência e persuasão são apenas alguns deles. E desses atributos pode depender o seu sucesso.

Calma, não desanime. Você deve estar pensando: "Meu Deus, eu já entendi que tenho de partir para a venda das minhas idéias. Como fazer isso?". Simples. Você já teve a oportunidade de assistir aos programas dos canais de compras da TV por assinatura (ShopTime, ShopTour, LiquidaMix, 1406 etc.)? Notou que eles têm uma proposta de associar a venda de produtos ao entretenimento e para isso oferecem uma programação variada, destinada a vários segmentos de público? Notou também que os comunicadores desses canais usam um linguajar muito parecido? Que utilizam uma seqüência de frases muito parecidas, com apelos e tonalidades de voz muito semelhantes?

Não? Então procure assistir. Na verdade, eles estão aplicando uma técnica de venda mais do que consagrada.

A técnica para vender uma idéia é semelhante à aplicada por esses comunicadores para vender seus produtos (e como eles vendem!!!) e é composta basicamente de seis passos, que deverão ser executados em seqüência (sem inversão) e na sua totalidade (sem pulos ou omissões de etapas). Quer saber por quê? Para poder conquistar a sua atenção e mantê-lo atento até o final da venda. Já sei, agora você quer saber quais são esses passos. Então, vamos lá:

Passos para Conquistar a Atenção do Ouvinte

1º PASSO **Apresente uma idéia de cada vez**	Mantenha o foco; não disperse a atenção do ouvinte! Para a venda ser eficaz, espere a aceitação de uma idéia antes de passar para a seguinte.
2º PASSO **Ao fazer cada afirmação, empregue palavras simples e precisas**	Este passo também poderia ser traduzido por: "mostre interesse; seja breve". Você sabe o que as palavras significam? Sem dúvida. E o seu ouvinte, sabe o que as palavras significam? Se a resposta não for "sem dúvida" também, pronto: a venda "foi para o espaço". Para que a venda tenha chances de sucesso é preciso que tanto você como o ouvinte concordem com o significado das palavras. A melhor maneira de dizer as coisas, para que elas sejam entendidas, é dizê-las o mais simplesmente possível. Em geral, falamos demais. Por quê? Porque é mais fácil falar circundando um assunto do que ir direto ao ponto. Lembra? Ouvir sem se manifestar não significa aceitação: pode significar apenas que a idéia não penetrou na mente ou foi distorcida pelo ouvinte para algo que ele deseja ouvir ou é capaz de aceitar mais facilmente. Para você economizar palavras, faça o seguinte:

- Evite repetir a mesma coisa.
- Corte o excesso de informações.
- Evite floreios e firulas.
- Elimine os adjetivos supérfluos.

3º PASSO
Ao desenvolver a idéia, ilustre-a; mostre-a em ação

Facilite a visualização do que você está dizendo para o seu ouvinte. Personalize a ação e localize-a. Como? Utilize filmes, figuras ou as palavras processuais da PNL, lembra? Visuais, auditivas, cinestésicas.

Fale sobre coisas e fatos que o ouvinte já viu ou conhece. Insira a sua idéia nessas coisas ou fatos. Evite utilizar frases negativas. Pergunte, mas não responda, para que o ouvinte forme mentalmente as próprias imagens daquela idéia em ação.

4º PASSO
Acrescente novos benefícios

Além das vantagens intrínsecas da idéia, agregue ainda mais valor ao que já foi apresentado, oferecendo outros benefícios que se juntarão à idéia, caso ela seja aceita.

Avalie se sua oferta foi entendida e se o ouvinte compreendeu que esses benefícios agregam maior valor à idéia original.

Para exemplificar como é possível agregar valor, vou citar uma história contada pela jornalista gaúcha Miriam Nunes[2].

Uma empresa estava com um problema. Havia prometido um brinde especial aos seus clientes em troca de informações para o cadastro (o famoso mailling). Como o número de pessoas cadastradas superou as expectativas,

---

2. Miriam Nunes é jornalista formada pela PUC-RS, com habilitação em jornalismo impresso, radiofônico, televisionado e cinematográfico. Fez cursos de extensão em jornalismo eletrônico na PUC-RS e intensivo de *webdesigner* pela Target. Já atuou em rádios, periódicos e assessorias de imprensa. Desde 1999, dedica-se ao segmento de Comunicação Empresarial. A história foi obtida no *site* Academia de Empreendedores – www.aemp.com.br.

surgiu o impasse: sairia muito caro dar o presente pensado inicialmente.

O pessoal de marketing tinha que fazer o milagre da multiplicação. Com a mesma verba prevista no início, tinham que "criar" um brinde para todos os clientes cadastrados. Isso dava algo como R$ 0,20 por pessoa!!! Depois de pensarem nas soluções, alguém deu a idéia de comprar alguns sacos de pedras para fundo de aquário e distribuí-las. Ainda sobraria dinheiro.

Mas quem gostaria de ganhar uma pedrinha de fundo de aquário? Resolvido o primeiro problema (o que dar), eles precisavam resolver o segundo: como agregar valor a uma pedra?

Primeiro, embrulhando-a para presente. Com o dinheiro que sobrou, compraram cetim amarelo (psicologia das cores: amarelo lembra ouro) e mandaram uma costureira fazer saquinhos, desses que são amarrados na parte de cima como nas embalagens de jóias. Ok, mas ao abrir o tal saquinho o cliente ainda encontraria uma simples pedra.

A solução foi pegar carona no misticismo. Alguém criou uma história que a pedra foi trazida de um lugar distante onde viveram as civilizações antigas e onde o povo a usava como talismã, pois acreditava que ela protegia o seu detentor contra a inveja. O texto foi impresso num cartãozinho e enviado junto com o saquinho. Tudo com o logotipo e endereço da empresa.

Analise a reação de quem recebeu. Primeiro, viu a embalagem, depois ficou curioso em abri-la, leu o cartãozinho preso à fita amarrada ao saquinho. Quando finalmente viu o "brinde", o cliente não enxergou uma pedra de aquário. Aquilo já tinha o valor de um amuleto ou, para os menos supersticiosos, de uma pedra trazida de uma cultura antiga. Enfim, tem pessoas que mandaram pendurar a pedra numa corrente e usam-na hoje no fundo da bolsa ou na carteira.

Percebeu agora o que é agregar valor à idéia?

5º PASSO
Provoque a ação e ofereça benefícios exclusivos

Incite a adesão; consiga a ação. Ofereça benefícios extras para quem aderir imediatamente, mas só para os que aderirem.

É o famoso "ligue djá".

6º PASSO
Deixe o "custo" para o final

Diga qual o "custo" da adesão à sua idéia, mas faça com que ele pareça irrisório diante de tantos benefícios agregados a ela.

A palavra "custo", nesse caso, nem sempre significa dinheiro ou pagamento. Ela também pode significar esforço, dispêndio de tempo, treinamento, atenção redobrada etc.

Se o "custo" da adesão à idéia, mesmo que não seja financeiro, puder ser parcelado, dê ênfase às parcelas e não ao total.

Creio que você já deve ter concluído que essa técnica de venda se aplica tanto à comunicação oral quanto à comunicação escrita. No caso da escrita, basta trocar, no texto que descreve os seis passos, a palavra "ouvinte" pela palavra "leitor".

Comece hoje mesmo a aplicar essa técnica na sua comunicação diária e comprove como ela funciona.

A comunicação interna de uma organização, porém, não se reduz somente à aplicação de uma técnica de vendas.

Motivar uma outra pessoa a ouvir, a avaliar com a mente aberta e a responder com as próprias idéias ao que você solicita exige outros fatores imprescindíveis. Por exemplo, numa conversa, numa entrevista, num encontro casual, numa apresentação ou numa discussão, você pode e deve seguir algumas regras básicas de conduta para a venda de suas idéias.

Essas quatro regrinhas são:

Corresponda aos sentimentos Em qualquer discussão, enquanto as idéias são trocadas entre os participantes, flui uma corrente de sentimentos. Essas expressões de sentimento são demonstradas em meio à conversa, às vezes com tanta sutileza que são difíceis de ser distinguidas. No entanto, precisam de resposta. Como? Motivando. Você deve utilizar palavras de encorajamento, confiança e elogios.

Encoraje a expressão da emoção Quando uma pessoa expressa uma emoção, ajude-a a exteriorizá-la. Seja o ouvinte que ela tanto precisa naquele instante. Sabe aquela história do "ombro amigo"?

À medida que a pessoa vai se libertando da tensão criada pela emoção, mais à vontade vai se sentindo e mais disposta a ouvir o que você tem a dizervai ficando, Até o ponto em que o que vai contar para ela daí para a frente é o que você tem a dizer e não mais o que ela está sentindo.

Quer coisa melhor para a venda de uma idéia?

Demonstre empatia e gere simpatia Um meio infalível de gerar simpatia é quando você expressa sua compreensão pelos sentimentos da outra pessoa.

Quando a pessoa exprime raiva ou tristeza, é sensato você declarar que compreende como ela se sente, embora isso não queira dizer que você concorde ou que você reagiria da mesma forma. Não mesmo. Você está apenas demonstrando empatia e, dessa forma, estimulando a comunicação.

Compartilhe sentimentos Quando você compartilha suas idéias e seus sentimentos com outra pessoa, ela é estimulada a responder de modo similar. Isso resulta em uma comunicação mais rica da parte dela.

A idéia de que "quanto menos alguém souber a seu respeito melhor" gera uma conversação forçada que não leva a lugar nenhum, muito menos à venda de suas idéias.

Um último detalhe: a habilidade na persuasão verbal só pode ser desenvolvida através da prática. Como em tudo o que se aprende, apenas conhecer as regras não é suficiente. Segundo Montesquieu[3], "nada se sabe senão aquilo que se pratica". Em suma, é fazendo que se aprende como fazer. Portanto, pratique, pratique e pratique!

A Difícil Comunicação Entre os Sexos

Faz tempo que nós, homens, machões inveterados, desconfiamos que existe um problema em nossas relações diárias com as mulheres: elas são muito diferentes de nós em termos de comunicação.

A doutora Deborah Tannen[4] da Universidade de Georgetown confirma que, de fato, existem diferenças monumentais entre os sexos na maneira como falam e se expressam. Portanto, registre aí: entender esse fenômeno pode evitar muitos conflitos dentro da sua organização.

Segundo essa autora, desde criancinhas, os homens fazem uso da conversa para negociar *status*, enquanto as mulheres se valem da conversa para criar algum tipo de ligação. Captou a sutileza? Não? Note isto: no escritório, elas se queixam de que ninguém lhes dá ouvidos quando falam nas reuniões, e eles não entendem por que as mulheres questionam suas ordens e provocam tantos conflitos. Percebeu? Mulheres: ninguém lhes ouve (ligação); homens: por que questionam suas ordens (*status*). Enfim, desde crianças, todos os homens falam da mesma maneira e todas as mulheres reagem da mesma maneira.

Quer ver outro exemplo?

Hugo e Laura estão no carro a caminho de casa e, ao passarem por uma lanchonete, Laura diz:
— Você gostaria de dar uma paradinha e tomar um lanche?

---

3. Charles-Louis de Secondat, Barão de Montesquieu, escritor e filósofo político francês, nascido próximo a Bordeaux, na França, em 1689, e falecido em Paris, em 1755. Autor de *O espírito das leis*, livro considerado um clássico da filosofia política e que compreende uma análise das inter-relações entre as estruturas sociais e políticas, a religião, a economia e outros elementos da vida social.
4. TANNEN, Deborah. *Você simplesmente não entende:* o difícil diálogo entre homens e mulheres. São Paulo: Ed. Best Seller, 1991. Deborah Tannen é professora de Lingüística Aplicada da Georgetown University.

Hugo, com toda a sinceridade, responde:
— Não.
E eles vão em frente. Mais tarde, ao chegar em casa, conversa vai, conversa vem, ele fica muito frustrado ao saber que Laura está chateada porque gostaria de ter feito aquela pausa para o lanche, pois estava cansada e não queria cuidar do jantar. Ele pensa: "Porque ela não disse logo o que queria? Para que fazer esse tipo de jogo comigo?"

Na verdade, Hugo deveria perceber que, quando Laura perguntou se ele não queria parar, ela não estava querendo saber a opinião dele. Muito pelo contrário: ela estava, isso sim, ensaiando um acordo sobre o que os dois poderiam fazer naquele instante. Resumindo, homens e mulheres têm muita dificuldade para se entender porque se expressam de modo diferente. A exemplo de Hugo, por não entendermos essas sutilezas da comunicação feminina, acabamos caindo nos conflitos clássicos entre homens e mulheres. E nisso os mais jovens são doutores. Ou será que você ainda não percebeu como é complicado o relacionamento entre o seu filho e a namorada? Ou entre a sua filha e o namorado?

Agora você deve estar pensando, "o que isso tem a ver com a comunicação empresarial e, mais especificamente, com a venda de idéias?". Tudo, pois, durante anos, o homem tem representado a voz da autoridade nas organizações. No entanto, com a chamada gestão participativa, na qual teoricamente todos têm direito a opinar nas decisões, o jeito feminino de se comunicar está começando a se impor. Dessa forma, os executivos do tipo autoritário estão perdendo espaço, dando lugar a um processo de comunicação em que o que vale é se dar bem com toda a equipe, vender suas idéias e fazer com que o grupo conquiste resultados cada vez mais ambiciosos. Nesse quesito, meu amigo, as mulheres estão tendo maior sucesso que os homens. É o jeitinho feminino se instalando no comando das organizações.

Segundo a professora Tannen, as mulheres preferem buscar outras opiniões antes de tomar uma decisão importante, enquanto os homens preferem decidir sozinhos. Note que as mulheres gostam de ouvir outras opiniões, sem que isso signifique a aceitação delas. As mulheres pacientemente esperam que as decisões sejam discutidas, buscando sempre o consenso, enquanto os homens se dizem avessos a longas discussões, em especial aquelas que envolvem decisões menores, sentindo-se tolhidos quando têm de submeter suas ações a uma discussão prévia.

As mulheres dão mais importância do que os homens ao fato de ser estimadas pelo grupo, por isso, em lugar de tomarem posições firmes durante as reuniões, elas são cordiais com os superiores hierárquicos, deixando que eles exercitem esse poder sobre elas.

O fato é que os homens em geral comandam as reuniões, expressando suas opiniões e dando sugestões e informações. As mulheres, até mesmo as de nível intelectual mais alto, tendem a dizer "sim" ou "não" e a concordar ou discordar dessas opiniões. Nessa situação, os homens transmitem as informações e as mulheres apenas ouvem e comentam, ou seja, elas sempre partem para os seus argumentos de uma condição de subordinação.

Há uma historinha muito engraçada que ilustra bem essa idéia em relação ao comportamento de homens e mulheres diante da comunicação:

Certa vez, o governo de um país que não vem ao caso agora baixou uma lei, segundo a qual todo casal deveria ter ao menos um filho, no máximo até o 5º ano de casamento, caso quisesse usufruir dos benefícios da isenção total de impostos. Caso contrário, o governo tomaria as providências necessárias para se ressarcir desse prejuízo.

Um casal, até a manhã do 5º aniversário, não conseguiu ter filhos e o marido, muito triste, disse:

— Bem, meu amor, conformemo-nos. A verdade é que até hoje não tivemos filhos e acredito que apareça aqui um funcionário do governo para tomar as providências necessárias.

Dito isso, ele saiu para o trabalho e a mulher ficou só. Daí a pouco, a campainha toca. Não era um funcionário do governo e sim um fotógrafo de crianças, que havia anotado aquele endereço por engano. A mulher mandou que ele entrasse e desenrolou-se o seguinte diálogo:

— A Sra. talvez saiba por que vim...

— Oh sim, eu sei, queira sentar-se...

— Eu sou especialista em...

— Sim, sim, eu sei, queira sentar-se...
— O seu marido com certeza vai adorar...
— Sim... diante das circunstâncias...
— Bem... podemos começar logo?
— Sim, mas acontece que eu não sei como começar, essa é a primeira vez que não é com o meu marido...
— Ora, não se preocupe, pois, com a técnica que possuo, a Sra. vai adorar. Podemos fazer umas na banheira, algumas na cadeira e outras no chão...
— Nossa !!!
— O interessante é fazer bastante e de maneiras variadas, pois algumas podem falhar...
— Oh sim, compreendo...
— Mas antes quero que veja um mostruário de meus trabalhos (ele abre um álbum com fotos de bebês). Diz ainda o fotógrafo:
— Veja que beleza, tudo obra minha. Essa aqui levou 4 horas para fazer, mas valeu a pena não acha?
— Sim, sem dúvida, mas 4 horas? Não é muito tempo?
— Não minha senhora, nessa profissão, não se deve ter pressa. Perfeição vem da calma. Veja essa outra. Acredite... foi no ônibus.
— Virgem Santíssima... é um assombro, não há dúvida.
— Esses são gêmeos, veja...
— E onde foram feitos?
— No jardim zoológico. A Sra. precisa ver como juntou gente, o pior é que chuviscava tanto que a umidade estragou meu aparelho.
— Que coisa, meu senhor!
— Não se preocupe, já mandei consertá-lo num especialista e agora funciona que é uma beleza. A senhora mesmo comprovará. Sei que a senhora saberá distinguir o bom do ruim, pois vejo que tem experiência. Podemos começar minha senhora, escolha a primeira.
— Bem, pode ser aqui na cadeira mesmo.
— Então um momento que eu vou montar o tripé, pois meu aparelho é muito grande.
Ouvindo isso a mulher desmaiou.

Outro exemplo que também ilustra essa forma de comunicação é o seguinte:

Conta a história que um prisioneiro, condenado à prisão perpétua por assassinato, consegue fugir. Na fuga, entra numa casa e invade o quarto onde dorme um jovem casal. O assassino amarra o homem a uma cadeira e a mulher à cama. A seguir, encosta o seu rosto ao peito da mulher, levanta-se e sai do quarto. Imediatamente, arrastando a cadeira, o marido aproxima-se da esposa e lhe diz:

— Meu amor, esse homem não vê uma mulher há anos. Eu o vi beijando teu peito e, aproveitando que ele se afastou um pouco, quero pedir-te que cooperes com ele e faças tudo o que ele te pedir. Se ele quiser fazer sexo contigo, não o evites e finge que gostas. Por favor, não o afastes. As nossas vidas dependem disso!!! Sê forte, minha linda, eu te amo muito.

A jovem esposa, chorosa, diz ao marido:

— Querido, estou reconhecida que penses assim! Jamais esquecerei suas palavras. Efetivamente esse homem não vê uma mulher há anos. No entanto, ele não estava a me beijar o peito. Estava a dizer-me ao ouvido que gostou muito de ti e perguntou-me se tínhamos vaselina no banheiro. Sê forte, meu lindo, eu também te amo muito.

Assim sendo, se você quiser ter um bom relacionamento profissional com as mulheres, procure entender que tipo de comunicação elas utilizam para vender as próprias idéias. Caso contrário, coloque-se na posição do Hugo e comece tudo de novo.

As Leis Mentais que Regem as Nossas Atitudes

Os pesquisadores modernos nos têm alertado incessantemente para a existência de um grande erro na educação das pessoas. Cursamos o 1º grau, o 2º grau e o 3º grau , mas não aprendemos absolutamente nada sobre como funciona a nossa mente e a nossa forma de pensar e como isso influencia nosso comportamento e nossas atitudes durante a vida. No entanto, tudo aquilo que somos, tudo aquilo que temos e tudo aquilo que vamos ter no futuro é resultado da nossa atividade mental. Em outras palavras, se uma pessoa pensa que as coisas sempre dão certo e outra pensa que sempre dão errado, com certeza as duas têm razão.

Outra revelação importante que esses pesquisadores nos trazem é que a mente humana é regida por leis imutáveis. O problema é que a disseminação do conhecimento dessas leis em geral se restringe a um número limitado de estudiosos e estas, infelizmente, passam despercebidas para a maioria de nós.

Duas dessas leis aplicam-se diariamente ao processo de comunicação e fazem com que as pessoas ajustem seu comportamento ao que foi comunicado: a lei que rege a repetição espaçada e a lei que rege a fotografia mental. Vamos entender como elas funcionam.

A **"repetição espaçada"** é uma técnica poderosa no processo de venda de idéias, pois ela é regida por uma lei mental segundo a qual "o nosso cérebro não resiste a uma mensagem repetida continuamente"[5]. Se uma mensagem for repetida várias vezes, ela acaba sendo aceita de modo inconsciente pela nossa mente e muitas vezes fica até mais forte do que a nossa própria vontade.

Já sei. Você ficou meio confuso com essa explicação (ou será que a explicação é que ficou meio confusa?). Então, vamos analisar o seguinte exemplo para tornar a idéia mais clara:

Procure não pensar no final das seguintes frases:
- "Quem com ferro fere, com ferro..." Não, não pense.
- "Dize-me com quem andas que eu te direi..." Não pense.
- "Quanto são dois vezes dois?" Não pense.
- "E cinco vezes cinco?" Não, eu disse para não pensar!

Notou? Você já ouviu tantas vezes essas frases na sua vida que elas já estão mentalmente arquivadas. O subconsciente capta a mensagem e reage à sua revelia. Você não conseguiu deixar de pensar no final dessas frases porque elas foram repetidas tantas vezes de maneira completa que, neste instante, tornaram-se mais fortes do que a sua própria vontade.

A repetição das mensagens na propaganda transformou o mundo em um mercado de consumo. Até mesmo uma idéia que não lhe agrada, se for continuamente repetida, acabará por ser aceita por sua mente. Ainda não acredita? Então, veja o que ocorre quando você ouve o "plim, plim" da Globo, vê o lo-

---

5. ALMEIDA, Othon Cesar Barros. *Programa de auto-motivação*. São Paulo: IBDP, 1980.

gotipo da Globo estampado num carro de reportagem ou entra num bar e pede uma Coca-Cola. Está bom, calma, você não gosta de Coca-Cola, mas certamente o refrigerante que você pediu foi aquele que mais atingiu a sua mente através da repetição espaçada. Ou você nunca viu um anúncio de outra marca de refrigerante nos meios de comunicação?

A **"fotografia mental"** ou também **"visualização positiva"** é outra técnica importante no processo de venda de idéias, pois é regida por uma lei mental segundo a qual "nós temos a capacidade de ver com os 'olhos' da nossa mente aquilo que somos capazes de imaginar". É uma técnica igualmente poderosa porque utiliza a mais importante faculdade psíquica do homem: a imaginação. Muitas vezes, o cérebro não consegue distinguir um fato real de uma situação vivida apenas na imaginação. Por que isso ocorre? É porque a imaginação tem precedência sobre todas as outras forças de que dispomos. Assim, numa situação de conflito mental, a imaginação sempre ganha, por exemplo, da força de vontade.

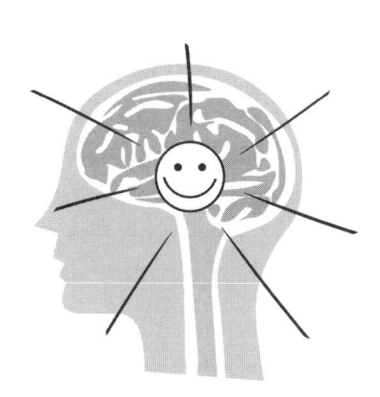

Um exemplo clássico que ilustra essa afirmativa é a experiência da viga, utilizado várias vezes em nossas palestras. Eu explico:

> Colocamos uma viga de madeira no chão e solicitamos a um voluntário para atravessá-la a pé. Sem maiores dificuldades, sorrindo e fazendo pose, o voluntário consegue fazê-lo.
>
> Em seguida colocamos essa mesma viga de madeira, no alto de duas cadeiras a 50 centímetros de altura, e convidamos a mesma pessoa a atravessá-la. Com certa dose de força de vontade e algum esforço, ela consegue finalmente atravessá-la.
>
> Na seqüência, colocamos essa mesma viga de madeira, no alto de duas escadas a 3 metros de altura, e desafiamos novamente o voluntário a atravessá-la. Lançando mão de muita força de vontade, ele sobe na viga e tenta atravessá-la. Entretanto, logo nos primeiros passos, suas pernas ficam trêmulas, seu corpo mareja gotas de suor, sua boca seca, a glote aperta, a sua mente

cria imagens mentais que comprometem a continuidade da caminhada, ele se vê caindo, quebrando um braço ou uma perna, batendo a cabeça no solo, entrando em coma e até ... morrendo. Ele entra em pânico, fica rígido e trêmulo e, incontinente, pula da viga.

Note que é a imaginação vencendo a força de vontade. Conclusão: você sempre conseguirá resultados melhores na venda de suas idéias se para isso se valer da imaginação das pessoas, através da técnica de fotografia mental, em vez da força de vontade delas.

Você quer um exemplo mais concreto? Então vamos recorrer às propagandas que invadem a nossa vida diariamente. Para exemplificar, vou recorrer uma vez mais ao professor Humberto Massareto, que me cedeu as seguintes pérolas da publicidade de sua coleção:

Mensagem	Anunciante
"Pense grande. Você já ouviu falar em Alexandre o Médio?"	3I Consultoria de Empresas
"Nenhuma mulher quer um homem bom de pia."	Colchões Orthocrin
"Brinquedo só no Natal. Bife de fígado toda semana. E depois você se pergunta por que há tanta criança traumatizada no mundo."	Brinquedos Estrela
"Economizar no vestuário não significa andar 30 anos com a mesma roupa" (mensagem acompanhada de uma foto de Fidel Castro).	Cartão de crédito Fashion Clinic
"Cuidado. Nessa época do ano, os anúncios estão cheios de ding dings, blén bléns e ho ho hos. Mas o que eles querem mesmo é o seu 13º."	Citibank
"Tão fascinante como a Disney. Mas o mouse é mais inteligente!"	Compaq (computador Presário)
"Beba-o com respeito. É provável que ele seja mais velho que você."	Conhaque Martell
"Ame-os e deixe-os."	Creche em Minneapolis
"Não servimos almoço. Levamos o dia inteiro para preparar o seu jantar."	Restaurante D'Amico Cucina
"A Terra é azul (Gagarin). E pequena (DHL)."	DHL
"Nunca foi tão fácil tirar o doce da criança."	Escova dental Oral B

Mensagem	Anunciante
"Dê ao seu bebê algo que você não teve na infância. Um bumbum seco."	Fraldas Johnson
"Antes de dormir, não esqueça de apagar os insetos."	Inseticida Rodiasol
"Rico em vitaminas e milionário em proteínas."	Iogurte Danone
"Quer que ele seja mais homem? Experimente ser mais mulher!"	Lingerie Valisère
"Quando uma menina vira mulher, os homens viram meninos."	Lingerie Valisère
"Cabem 18 crianças, lógico, se o motorista for surdo."	Perua Hi-Topic da Ásia Motors
"É o mais rápido que você pode ir, sem ser obrigado a comer a comida de bordo."	Porsche
"Mais valem quatro cabeças de vídeo do que uma bem à sua frente no cinema."	Semp Toshiba
"A crítica adorou. Mas pode assistir que é bom."	Semp Toshiba
"Nossos clientes nunca voltaram para reclamar."	Outdoor de uma casa de serviços funerários
"Não temos música ao vivo. Sorte sua."	Taco Del Maestro (restaurante de comida mexicana)

Você notou que, em todas elas, há uma mensagem que atiça a nossa imaginação e que está implicitamente relacionada à idéia (no caso, o produto ou serviço) que se pretende vender? Notou também que essa cutucada na imaginação veio antes da explicitação da idéia que se queria vender? Então, essa é a técnica da fotografia mental sendo posta a serviço da venda de uma idéia.

Lendo todos esses casos até aqui, você percebeu que a palavra tem poder sobre a imaginação? E que a imaginação tem poder sobre a emoção, o sentimento e o corpo? Não? Pois, então, comece a prestar atenção nos comerciais de TV, nos discursos políticos, nas palestras de negócios. Todo bom comunicador sabe disso. O segredo de um bom vendedor de idéias está em empregar as palavras com cuidado para guiar o interlocutor ao tipo de imaginação que se deseja despertar. As metáforas[7] são alguns exemplos de como os vendedores de idéias usam a linguagem para guiar o comportamento das pessoas.

Como estamos falando de imaginação, pense no seguinte: você pode guiar seu próprio comportamento aplicando o mesmo método. As palavras e as figuras de linguagem que você usar para definir uma experiência para si mesmo também têm o poder de modificar seu sentimento em relação a essa mesma experiência.

Imagine que você tenha de fazer alguma coisa de que não goste, como, por exemplo, ir ao supermercado. Se você fica repetindo mentalmente: "Eu odeio fazer supermercado", como acha que será seu estado emocional quando a sua mulher o convidar para fazer supermercado no final de semana? Agora, e se, em vez disso, você trocar a palavra "odeio" por outra expressão "menos ruim", do tipo "não gosto"? Quando você tiver de ir ao supermercado, seu estado emocional vai ser mais tranqüilo, pois "não gosto" é muito menos doloroso do que "odeio". Veja também o que acontece quando, nas suas afirmações, você troca a palavra "problema" pela palavra "desafio". Afinal, até a imaginação sabe que ter um desafio é melhor que ter um problema.

Com certeza você já notou que tanto a repetição espaçada como a fotografia mental são técnicas importantes no processo de venda de idéias. No entanto, você deve estar se perguntando: "O que eu posso fazer para usar a imaginação como um poderoso instrumento na venda de uma idéia?" A receita é simples: procure figuras, filmes, fotos, desenhos, rabiscos, enfim, imagens que retratem a idéia que você quer vender, como se ela já tivesse sido realizada. Utilize tudo isso em conjunto com o texto que você quer divulgar. Empregue as palavras processuais de acordo com o perfil da pessoa a quem deseja vender sua idéia.

Crie, assim, um quadro mental nítido e detalhado para o interlocutor, para que ele cristalize mentalmente a idéia que você está querendo vender. Quando isso acontecer, ele reagirá física e mentalmente de maneira positiva no sentido de fazer tudo o que for necessário para atingir a idéia apresentada.

Dessa forma, a imaginação tentará, uma vez mais, vencer a força de vontade.

---

7. As metáforas devem ser entendidas como a relação de semelhança entre o sentido próprio de uma idéia e o seu sentido figurado.

Capítulo 7

Usando o Endomarketing

Não há como medir o comprometimento e a motivação das pessoas, mas o empregado que é bem informado sente-se parte da empresa, a relação fica mais próxima. Podemos observar que o endomarketing diminui a rotatividade. No meu ponto de vista, o principal desafio é a comunicação das chefias intermediárias. Quando as lideranças não se comunicam bem com a equipe, é preciso fazer um trabalho específico para que compreendam o papel estratégico da comunicação. Porque há pessoas que ainda pensam que deter informação é poder.
(Analisa de Medeiros Brum)[1]

Eu não poderia concluir este trabalho sem falar sobre uma ferramenta importantíssima para vender suas idéias aos funcionários: o marketing interno (também chamado de "endomarketing").

Quando surgiu aqui no Brasil, o marketing interno era utilizado pelas indústrias, como resposta ao avanço dos sindicatos na forma de comunicação com os funcionários. Aos poucos, o marketing interno foi saindo de dentro das fábricas e passou a ser uma poderosa arma na luta pela conquista e conservação do funcionário, uma vez que a excelência do atendimento e a satisfação do consumidor passaram a ser vistos como uma atitude inerente a um funcionário motivado. Em outras palavras, "descobriram", naquela época, que o funcionário precisa de educação, carinho e atenção, estar bem preparado e informado para se tornar uma pessoa criativa e feliz, capaz de surpreender e encantar o cliente. Dessa forma, o marketing interno invadiu as organizações em geral.

---

1. BRUM, Analisa de Medeiros. *Endomarketing como estratégia de gestão*. Porto Alegre: L&PM Editores, 1998.

Já sei, você gostaria de saber por que uma organização deveria investir nessa mudança, não é verdade? Então, vou lhe dar cinco motivos:

1. Porque estamos vivendo uma evolução extremamente significativa na configuração do mercado.
2. Porque uma nova geração de clientes e funcionários está surgindo. Uma geração conectada, atualizada, interativa e, sem dúvida, muito exigente.
3. Porque a organização precisa criar condições para essa mudança, de maneira continuada, mantendo um estado constante de investigação, compreensão e busca de soluções.
4. Porque a organização que deseja ser competitiva tem de aprender a lidar com uma nova configuração de mercado e funcionários e ser mais rápida, agressiva, exigente e detalhista.
5. Porque a organização alcança resultados surpreendentes quando conta com:
    - estruturas internas adequadas e bem trabalhadas;
    - funcionários envolvidos e motivados,
    - estruturas participativas, criativas e em constante reciclagem.

Em resumo, poderíamos dizer que o mundo mudou e a comunicação empresarial, se quiser ser eficiente, também tem de mudar.

Marketing interno é uma filosofia de comunicação motivacional que consiste em tratar os funcionários da organização da mesma forma como são tratados os clientes. É claro que há empresas por aí que tratam tão mal os clientes que, se tratassem os funcionários da mesma maneira, não haveria mais ninguém trabalhando para elas. Não é dessas empresas que estamos falando. A estratégia é simples: moldar o trinômio informação-satisfação-marketing às necessidades dos clientes, pois um cliente interno (funcionário) bem informado e satisfeito é o melhor agente de marketing da organização. E se essa organização for uma prestadora de serviços, então, nem se fala.

A prestadora de serviços é uma organização que, para dar certo, tem de ter instalações e equipamentos adequados, pessoal motivado e habilitado; do contrário, a probabilidade de entregar um serviço de qualidade é praticamente nula.

A palavra "endomarketing" seguiu o mesmo processo de formação que gerou palavras como endodontia, endoscopia, endovenoso e endocrinologia, onde "endo" significa "movimento para dentro". Ela foi criada em 1975 por Saul Faingauss Bekin[2] para designar as ações de marketing voltadas exclusivamente para o público interno das organizações. Segundo Bekin, o objetivo dessas ações de marketing é promover, entre os funcionários da organização, valores voltados à excelência do atendimento ao cliente. Segundo Wilson Cerqueira[3], foram os japoneses os pioneiros no desenvolvimento de programas de marketing interno como um modelo de gestão participativa.

Muito mais do que uma palavra, um nome ou uma marca, "endomarketing" é um novo conceito, uma ferramenta que corresponde a uma nova abordagem dos funcionários (o público interno) e do ambiente organizacional. É uma nova postura ligada a todo um contexto de mudanças.

Por definição, marketing interno ou endomarketing é o nome dado às ações de marketing voltadas exclusivamente para o público interno das organizações. Sendo assim, por exemplo, revistas e periódicos desenvolvidos para projetar e divulgar a organização no mercado, mesmo que sejam distribuídos a todos os funcionários, não devem ser considerados instrumentos de marketing interno.

O principal objetivo do marketing interno é construir sólidos relacionamentos com o público interno, firmando, assim, o conceito de **cliente interno** em todos os processos da organização, para fortalecer as relações com o **cliente externo**, propiciando a melhoria contínua na qualidade dos serviços oferecidos ao mercado.

Para que você possa entender as mudanças que estão por trás desse objetivo, vamos fazer um paralelo entre os tradicionais conceitos de cliente externo e os modernos conceitos de cliente interno.

---

2. BEKIN, Saul Faingauss. *Conversando sobre endomarketing*. São Paulo: Ed. Makron Books, 1995. ENDOMARKETING é marca registrada de Saul Faingauss Bekin & Consultores Associados.
3. CERQUEIRA, Wilson. *Endomarketing:* educação e cultura para a qualidade. Rio de Janeiro: Ed. Qualitymark, 1994.

Cliente externo é a pessoa que compra freqüentemente e com quem a empresa procura estabelecer uma relação mais sólida, oferecendo-lhe constantemente vantagens de tratamento, de preços e de condições. Cliente interno é a pessoa que produz resultados freqüentemente e com quem a empresa procura estabelecer uma relação sólida, oferecendo-lhe constantemente vantagens de tratamento, de remuneração e de condições de trabalho.

O cliente externo fiel se sente diferenciado, tem crédito, sente-se importante. O cliente interno fiel se sente diferenciado, tem incentivos, sente-se importante.

O cliente externo tem seu nome e expectativas cadastradas e seu aniversário ou datas especiais são sempre lembradas pela empresa. O cliente interno tem seu nome e expectativas cadastradas e seu aniversário ou datas especiais são sempre comemoradas pela empresa.

A empresa dedica um esforço todo especial para manter e privilegiar os bons clientes externos, pois, como política, a empresa considera mais importante o cliente externo atual que um novo cliente. A empresa dedica um esforço todo especial para manter e privilegiar os bons clientes internos, pois, como política, a empresa considera mais importante o cliente interno atual que um novo cliente interno.

Como você deve ter percebido, falar em "cliente interno" é falar de uma mudança radical em relação ao tradicional paradigma de tratamento do empregado, funcionário ou colaborador, até aqui adotado pela grande maioria das organizações brasileiras. Afinal de contas, se o desafio até agora era o de encontrar formas de encantar o cliente externo a cada contato, passou a ser também o de encantar o cliente interno diariamente.

Na apresentação do livro *Endomarketing como estratégia de gestão*[4], o empresário Alfredo Fedrizzi retrata, de maneira muito interessante, a inquietação da grande maioria dos executivos para tornar a empresa mais ágil, criativa, informada, motivada e inovadora, para enfrentar as rápidas transformações que acontecem freqüentemente no mercado global. Diz ele:

> Até bem pouco tempo, o concorrente estava pela vizinhança. Era possível saber seu nome, endereço e talvez até seus métodos de produção. Hoje o concorrente é o mundo. Tanto pode vir de lugares inesperados como de outros setores até então não considerados como concorrentes, facilitados pela nova tecnologia, mais barata e de livre acesso a todos.

---

4. BRUM, Analisa de Medeiros, op. cit.

Por isso, realmente é difícil saber como será a empresa no futuro, mas certamente os destinos das empresas passam por uma integração cada vez maior com seus colaboradores. Relações mais abertas e transparentes, maior acesso à informação, maior convivência entre pessoas diferentes, maior busca da motivação.

O tempo de lutas entre patrões e empregados tem que ficar para a história. Quem quiser estar no jogo no século XXI tem que estar aliado a seus colaboradores, puxando na mesma direção.

É nesse novo contexto que surge o endomarketing, uma poderosa ferramenta de comunicação e motivação, ideal para as organizações que buscam transformar suas estruturas em lugares melhores para se viver e trabalhar e suas equipes de trabalho em um conjunto de talentos envolvidos e comprometidos com os resultados de empresa e com a satisfação de seus clientes.

As Bases Conceituais do Marketing Interno

Partindo do pressuposto de que nada surge do acaso, podemos dizer que o conceito de "marketing interno" (e do endomarketing, por conseqüência) surgiu com a decisiva intervenção de três importantes autores da área de marketing: Theodore Levitt, Philip Kotler e Jan Carlzon.

Professor durante anos da Harvard Business School, o alemão Theodore Levitt[5] foi o primeiro acadêmico a sublinhar a importância do marketing. A sua reputação de guru surgiu através do artigo publicado, em 1960, na *Harvard Business Review*, intitulado *Marketing Myopia* ("A Miopia do Marketing"), um artigo que revolucionou o modo de pensar os negócios. Era a consolidação do moderno conceito de marketing, em um texto cravejado de pérolas, no qual dizia que uma indústria é um processo de satisfação do cliente, em vez de produção de bens. Para Levitt, "o primeiro negócio de qualquer negócio é continuar no negócio. Para tanto, é preciso gerar e manter clientes". Disse Levitt sobre a distinção entre vendas e marketing, pedra fundamental de sua tese: "A diferença entre marketing e vendas é mais do que semântica. Vendas têm seu foco na necessidade do vendedor de converter seu produto em dinheiro; marketing tem seu foco na satisfação das necessidades e expectativas do consumidor com o produto".

---

5. LEVITT, Theodore. *A imaginação de marketing*. São Paulo: Atlas, 1990.

Dentro do novo conceito de marketing, Levitt destacava a importância do marketing interno ao explicitar que: "A organização precisa aprender a considerar que sua função reside na realização de coisas que levem as pessoas a querer trabalhar com ela".

Philip Kotler[6] é considerado um dos pais do marketing. Doutorado pelo MIT, é um autor profícuo e os seus textos tornaram-se referências acadêmicas para o estudo de marketing. Livros, como o clássico *Administração de marketing*, são verdadeiras bíblias sobre a disciplina. Foi o principal inspirador e divulgador de alguns dos mais consagrados conceitos de marketing como: o ciclo de vida do produto, a segmentação do mercado, o posicionamento e a aferição das atitudes de compra do consumidor. Para Kotler, "leva-se um dia para aprender o marketing e uma vida inteira para dominá-lo".

Kotler também destaca a importância do marketing interno para o sucesso dos negócios ao defender a tese de que "o marketing interno deve preceder o marketing externo". Segundo ele, "não faz sentido anunciar serviços excelentes antes que se tenha funcionários capacitados para desempenhá-los. Na verdade, não faz sentido prometer um serviço excelente antes de preparar os funcionários da empresa para fornecê-lo". Antes que as campanhas publicitárias cheguem aos veículos da grande imprensa, o mesmo tema e a linguagem visual devem ser desenvolvidos para o público interno, focalizando o papel que o funcionário deve desempenhar. A campanha publicitária chama o cliente para dentro da loja. Uma vez lá dentro, são os colaboradores que terão de fazer valer as promessas do marketing. E, para não deixar qualquer dúvida sobre a sua opinião, ele define marketing interno como "a tarefa de contratar, treinar e motivar funcionários que desejam atender bem os clientes".

Nos anos de 1980, Jan Carlzon[7], ex-presidente da Scandinavian Airlines System (SAS), virou a pirâmide empresarial de cabeça para baixo ao defender a inversão de valores no organograma hierárquico das empresas. Inverter a pirâmide hierárquica foi reconhecer que o contato com o cliente externo se dava através das pessoas da linha de frente das organizações, embora estivessem em posições mais baixas no organograma, ou seja, na base da pirâmide. A linha de frente ganhou mais destaque do que os gerentes. Com essa inversão, os gesto-

---

6. KOTLER, Philip. *Administração de marketing: a edição do milênio*. São Paulo: Prentice Hall, 2000.
7. CARLZON, Jan. *Hora da verdade*. São Paulo: Cop Editora, 1994.

res mudaram de função, pois, na visão de Carlzon, a única função que justifica a existência do gerenciamento é a de facilitar a condução e a execução das tarefas das pessoas que têm contato direto com o cliente. Nesse contexto, como afirma Carlzon, em seu livro:

> Estamos entrando numa era impulsionada pelo cliente e pelo serviço, na qual consumidores sagazes e concorrentes ferozes estão criando dificuldades para a organização que adota o estilo tradicional de negócios. Para lidar com essa descontinuidade do mercado, precisamos revolucionar nossas organizações. Sendo assim, a organização orientada para o cliente, interno ou externo, está ajustada para a mudança, mas aquela que funciona com uma liderança passiva, burocratizada, de cima para baixo, não sobreviverá.

Apesar do sucesso da idéia e dos inequívocos resultados obtidos por seus praticantes, não se pode dizer que a abordagem de Carlzon tenha sido largamente adotada. Entender o conceito é uma coisa, praticá-lo é outra, pois toda mudança radical, por mais necessária que possa ser, mesmo que seja comprovadamente para melhor, gera resistência por parte daqueles que se vêem ameaçados pela novidade.

Numa época marcada por grandes mudanças tecnológicas, econômicas, sociais e culturais e até pela velocidade com que elas acontecem, as organizações entram em um novo ciclo histórico, em uma nova realidade marcada por um mercado orientado para o cliente e para o valor do serviço prestado ao cliente, mesmo que esse serviço esteja agregado a determinado produto.

> Há muito tempo já se disse que a única coisa constante na vida é a mudança. Hoje o autor dessa frase ficaria estupefato diante da velocidade e das proporções das mudanças ocorridas nas empresas, que, não só tiveram que aprender a reagir com rapidez, como também se tornaram extremamente imprevisíveis.

Essa frase extraída do livro de Analisa de Medeiros Brum[8] retrata muito bem o momento atual vivido pelas organizações no mundo todo. Diante dessa nova realidade, os principais recursos para a criação de riquezas são a informação e o conhecimento. E quem detém esse conhecimento e essa informação? Acertou: são as pessoas. Com base nessa premissa, podemos ainda concluir que, mais que a ausência de capital e de tecnologias novas, são as pessoas que levam as empresas à falência. E essa conclusão leva-nos a estudar a principal

---

8. BRUM, Analisa de Medeiros, op. cit.

variável do processo de mudança: as pessoas. Elas tornam-se indispensáveis, pois não há mudança possível sem recursos humanos capazes de gerá-la.

Seria ingênuo, porém, pensar que a mudança nas organizações é possível de ser executada com simples domínio das novas tecnologias, dos recursos humanos e da intenção de conduzir à mudança. É preciso levar em conta dois fatores muito importantes: os bloqueios à mudança e a vontade das pessoas que participam da vida das organizações.

Muitas das nossas empresas geram e desenvolvem no seu interior bloqueios à mudança, não raras vezes atribuídos aos seus próprios recursos humanos. Desses bloqueios, podemos destacar as formas de gestão autoritárias e centralizadas, a concentração dos processos de trabalho e a organização baseada em estruturas piramidais e monolíticas.

Essas verdadeiras aberrações organizacionais, que muitas vezes expressam a arrogância e o autoritarismo de quem se posiciona nos níveis mais altos das suas estruturas, levam o clima organizacional a um estado endêmico de moral baixo que, por conseqüência, provoca o absentismo, a baixa qualidade dos resultados e o baixo nível de satisfação dos clientes, gera a agressividade contra a hierarquia e o alto nível de atritos no ambiente de trabalho e provoca a temida rigidez às mudanças, às vezes, necessárias e urgentes.

Pode-se acrescentar, ainda, a esse quadro que muitas empresas funcionam por fluxos excessivos de informações, de regulamentações, de procedimentos, de despachos e de circulares. Outras tantas, pelo contrário, são avessas a uma política de transparência das informações, com base no receio infundado de que muito conhecimento na mão dos funcionários pode ser uma arma contra os interesses das próprias empresas.

Muitas dessas organizações têm uma visão meramente mecânica para o seu funcionamento, encarando os funcionários não como seres abertos, inteligentes e complexos, mas como peças de uma máquina, à qual devem servir como se fossem robôs. Dessa forma, o funcionário é visto pela empresa não como um ser portador de necessidades múltiplas e complexas, mas como um *homo economicus*. Ela se esquece de que as motivações dele não giram exclusivamente em torno do dinheiro, pois existem fatores de caráter simbólico, por vezes, tão ou mais importantes que a remuneração no final do mês.

Pois bem, se as organizações querem ter pessoas motivadas, que se envolvam no processo de mudança, elas precisam considerar o sistema de comunicação interno. Que tipo de comunicação é necessário no interior das organizações? Como poderá essa comunicação gerar motivação? Não estamos naturalmente nos referindo aos arquivos de informação e muito menos à informação punitiva, aquela que leva o funcionário a fazer as coisas por fazer e não porque quer fazê-las.

Com efeito, ao se pensar em mudança numa organização, não podemos perder de vista que ela só é possível mediante comportamentos generalizados de motivação e que a alteração dos padrões de comportamento só é possível através de processos de comunicação e informação adequados e estrategicamente bem estruturados.

Ora, se as estratégias de *marketing* e de vendas absorvem uma parte substancial dos orçamentos das organizações com o objetivo de pesquisar as tendências do mercado, moldar os produtos e serviços às reais necessidades de todos os tipos de clientes e promover o produto ou serviço, que tipo de resultado elas poderão obter, ignorando as motivações, as atitudes e os comportamentos daqueles que são a essência de todos os processos organizacionais? Você concorda?

Não lhe parece óbvio que a simples mudança tecnológica sem uma mudança de mentalidade no interior da organização não só não produz os efeitos desejados como também corre o risco de induzir uma resistência aos processos de mudança, sejam eles tecnológicos ou não?

Portanto, considerando que a mudança é, antes de tudo, um problema de mentalidade, os meios tecnológicos só se tornarão eficazes pela força da vontade e pelo desejo dos homens e mulheres que os utilizam. Contudo, o desejo e a vontade não podem nascer e se desenvolver sem que sejam criadas, na organização, relações de confiança, as quais somente serão possíveis através da comunicação. Por meio desta, cada atividade ou cada documento não explicará apenas, por exemplo, um novo procedimento de trabalho, mas comportará igualmente a idéia de que, por trás desse novo procedimento, há um homem ou uma mulher, cuja motivação é fundamental para o sucesso desse processo de mudança.

Sendo assim, nesse cenário de busca da qualidade, de mudanças cada vez mais aceleradas e de competição cada vez mais sofisticada, a chave para o sucesso da organização está na valorização das pessoas e de tudo aquilo que influencie seu desempenho profissional, ou seja, o poder descentralizado, a gestão participativa, a transparência das relações, o culto à ética institucional, a capacidade de decisão rápida, um modelo organizacional de trabalho que privilegie a harmonia interna e o compartilhamento das informações.

Longe de ser um simples exercício de futurologia, esse modelo de organização já é uma realidade inexorável, ao lado da não menos real internacionalização dos mercados, também chamada de globalização.

Simultaneamente ao processo de globalização, os esforços para o encantamento do cliente interno é algo que já está ocorrendo nas empresas brasileiras de primeira linha, conforme tem demonstrado o *Guia Exame: as melhores empresas para você trabalhar*, uma publicação anual da Editora Abril[9].

Sem dúvida, essa é mais uma tendência de impacto pressionando as decisões empresariais, já que todas as organizações precisam ser competitivas, criar qualidade e viver com a informação adequada.

Por tudo isso, o marketing interno é parte importante do novo cenário, pois ele contribui decisivamente para a formação de um ambiente empresarial favorável ao conhecimento e ao compartilhamento de valores por todos os seus integrantes, desde a cúpula administrativa até a linha de frente, requisito fundamental para enfrentar com sucesso essa nova situação.

Através do marketing interno, é possível fazer com que todos os funcionários tenham uma visão compartilhada do negócio da empresa, incluindo itens como gestão, metas, resultados, produtos, serviços e mercados nos quais atua.

O marketing interno é, portanto, uma decorrência da necessidade de motivar pessoas para os programas de mudança e exige um processo acelerado de

---

9. O *Guia Exame: as melhores empresas para você trabalhar* surgiu em 1997, inspirado no livro do consultor norte-americano Robert Levering, *The best companies to work for in America*. Aliás, Levering e sua equipe logo se tornaram parceiros do projeto em sua versão brasileira. Hoje, mais e mais empresas brasileiras vêm sofisticando seu modelo de gestão e suas políticas de RH, com o objetivo de ser incluídas entre as melhores. Por essa razão, as empresas listadas no guia tornaram-se modelos em gestão de pessoas.

comunicação. Afinal, sabemos que ainda hoje o envolvimento com os programas de mudança acontece na cúpula administrativa – alta direção e gerências –, enquanto a linha de frente – chefias e funcionários comuns – continua tendo um envolvimento menor, a não ser que a empresa coloque à disposição deles as informações de que precisam para um envolvimento total.

As Premissas do Endomarketing

Visto por outro prisma, o endomarketing pode ser definido também como um conjunto de ações utilizadas por uma empresa – ou por determinado setor da empresa – para vender a sua própria imagem aos funcionários (e até aos familiares deles). Para isso, a organização tem de ter em mente que os funcionários devem ser tratados como clientes internos. Dessa forma, eles precisam ser vistos como indivíduos que têm expectativas, que representam um ativo valioso e que constituem o primeiro mercado para a organização. Precisam, portanto, ser tratados como clientes e valorizados como pessoas. E, se são clientes, a exemplo dos clientes externos, só podem ser conquistados e retidos com um serviço excelente.

Em um estudo recente, realizado por Yamkenovich e Innerwahar, foram destacados os 10 aspectos do trabalho mais valorizados pelos funcionários em relação às organizações em que exercem suas atividades profissionais. São eles:

1. Trabalhar com gente que me trate com respeito.
2. Trabalho interessante.
3. Reconhecimento do bom trabalho.
4. Possibilidade de desenvolver habilidades, capacidades e criatividade.
5. Trabalhar com gente que escute suas idéias de como fazer melhor o trabalho.
6. Possibilidade de pensar por si mesmo, ao invés de simplesmente seguir as instruções.
7. Ver os resultados finais dos esforços de trabalho.
8. Trabalhar com pessoas competentes.
9. Que o trabalho não seja demasiadamente difícil.
10. Sentir-se bem informado sobre os pensamentos da direção.

Como você pode comprovar, o que o funcionário busca nas empresas é um intercâmbio de oportunidades que inclua elementos do tipo: satisfação no trabalho, participação e desenvolvimento da auto-estima.

Cabe, então, à organização entender que não poderá ter clientes satisfeitos se os funcionários não estiverem satisfeitos, não poderá ter clientes felizes se os funcionários não estiverem felizes e não poderá ter clientes encantados se não encantar os funcionários. A organização precisa conjugar o marketing externo com o marketing interno. E este deve desenvolver um conjunto de atividades que leve a organização a ter funcionários satisfeitos, com todas as possibilidades de expressar, em qualquer circunstância, seus sentimentos e pensamentos a fim de que possam elevar sua motivação pelo trabalho e que isso se reflita nas suas ações e atitudes no serviço.

É preciso ter em mente que, quando o funcionário não percebe a insatisfação do cliente e não se sente responsável por ela, ele provavelmente culpará a direção da empresa alegando que as atividades, os meios e os métodos de trabalho impostos não satisfazem a ele nem ao cliente. Por isso, é preciso definir, em cada departamento ou em cada posto de trabalho, quem é o cliente interno imediato e aplicar estratégias de marketing entre esses clientes, antes que o produto ou serviço chegue ao consumidor final.

Visto dessa forma, o marketing interno passa a ser uma necessidade imediata das empresas que desejam crescer, competir, conquistar novos mercados, manter os índices de satisfação que já apresentam entre os clientes ou simplesmente garantir a sua sobrevivência.

Como Medeiros Brum ressalta em seu livro:

> Vivemos um momento no qual o homem deve ser visto como o elemento principal de todo e qualquer processo de mudança e de modernização empresarial, pois as mudanças, quando implementadas, esbarram em formas de trabalho tradicionais e conservadoras, capazes de desencadear um estresse organizacional que dificulta e impede o desenvolvimento pleno de qualquer atividade.

E complementa:

> Para combater fatores como esse, é preciso que o marketing se volte para dentro da empresa, para o chão da fábrica, para o terminal de cargas, enfim, para o lado

de dentro do balcão, preocupando-se verdadeiramente em motivar aquele que faz o dia a dia da empresa, através da intuição, da persuasão, da criatividade, ou seja, através da comunicação.

Um programa de endomarketing bem feito é capaz de tornar o funcionário um ser comprometido com a nova postura da empresa e com a modernidade, cada um em sua área de atuação e através do seu trabalho.

Para chegar a esse resultado, é fundamental renovar a própria concepção de marketing, que não deve mais ser visto como uma atividade isolada. É preciso que a realidade do marketing esteja presente na empresa de ponta a ponta, do departamento financeiro ao departamento de vendas, do departamento de produção ao departamento de recursos humanos. Só assim todos poderão compreender a necessidade de que suas ações e atitudes estejam orientadas para o cliente, como parte integrante da estratégia final da empresa. Em outras palavras, através do endomarketing, o Departamento de Marketing continua com suas atividades especializadas e seus especialistas, mas a mentalidade do marketing, seus valores e noções passam a impregnar a empresa em todos os seus níveis e em todas as suas atividades.

Usando o Marketing Interno Como Estratégia de Gestão

As doze primeiras colocadas do Guia *As 100 melhores empresas para se trabalhar no Brasil* da revista *Exame*, sem exceção, disseram valorizar muito o endomarketing na questão da comunicação interna. E você deve estar se perguntando: "Como se coloca em prática o endomarketing?" Você imaginou que novamente eu fosse responder "simples"! Dessa vez não. Não é tão fácil assim. É preciso mudar muita coisa dentro da organização, por exemplo, desburocratizar as informações e torná-las ágeis e abertas. Entretanto não é só abrir um canal do tipo "Fale Conosco" que eu respondo. É preciso facilitar o trânsito das informações na empresa, da alta direção para o pessoal de base e deles para a alta direção.

Com todo o aprimoramento e qualidade das ferramentas utilizadas pelas empresas na busca do melhor relacionamento interno, a abertura de canais de comunicação de duas mãos entre líderes e subordinados, via escrita ou oral, é vital para envolver os funcionários em uma mesma diretriz empresarial e, ainda, é a forma mais eficiente de conscientizar e engajar pessoas numa organização.

Já sei: você está achando isso um absurdo. Fique tranqüilo. Lembre-se de que o sucesso de uma organização depende das pessoas. Será que todos em sua empresa estão motivados para atender os clientes ou prestar qualquer serviço com a máxima qualidade e buscando sempre a satisfação do cliente? Pense bem.

Fazer marketing interno é buscar diariamente a interação dos funcionários; é informá-los a respeito do que a empresa precisa e deseja que seja feito e como deve ser feito; é promover o desenvolvimento das pessoas; é promover trocas de informações e experiências e, antes de tomar uma decisão que afete fortemente algum setor da empresa, conversar com as pessoas envolvidas, tornando-as parte da mudança, conquistando a participação delas e ouvindo suas sugestões. Dessa forma, haverá uma atitude altamente positiva em relação às mudanças previstas e, por conseqüência, sua implantação será um sucesso. Muitas vezes, através de sugestões dos funcionários, a empresa consegue melhorar substancialmente um produto ou serviço, diminuir os custos de produção, estocagem, transporte, vendas, compras etc.

Tudo isso a empresa consegue com a aplicação do endomarketing na comunicação interna. Entretanto, o maior valor da implantação do marketing interno está na satisfação e na motivação do funcionário para a realização de seu trabalho, melhorando sua performance como um todo, fazendo marketing externamente ao defender sua empresa, porque sente orgulho de onde trabalha, porque sente que faz parte de um time unido e porque a empresa faz parte de sua vida assim como ele faz parte da dela.

A comunicação interna, porém, não é um simples programa de endomarketing, nem uma atitude que passará a vigorar em um passe de mágica. Será necessária muita vontade por parte da alta direção da empresa. Toda a diretoria deverá estar realmente interessada no lado humano da organização, tornando-se mais próxima e aberta aos problemas de seus subordinados. Dessa forma, a alta direção deverá estar absolutamente convencida de que o sucesso da organização vem das pessoas que nela trabalham.

Salário e benefícios não são tudo. O funcionário quer mais do que isso, pois para ele é importante ser um colaborador, uma peça importante no dia-a-dia da empresa. Como fazer com que isso ocorra? Ótimo, agora você gostaria de saber em quais estratégias de gestão poderíamos aplicar o endomarketing, não é verdade?

Para começar, devemos considerar que os fatores críticos de sucesso para a aplicação do endomarketing são os seguintes:

1. **Conhecimento profundo das expectativas dos funcionários**, através de constantes pesquisas de opinião e da existência de um extenso banco de dados sobre eles. Não estamos falando do velho cadastro de funcionários no qual a empresa deposita informações básicas como nome, idade, sexo, endereço, telefone, estado civil, datas das férias, afastamentos, alterações salariais, número de filhos menores etc. O banco de dados a que nos referimos é um extenso conjunto de informações coletadas diariamente a respeito das expectativas, desejos, necessidades, realizações dos funcionários e de sua família. Dados que permitam à empresa fazer um constante marketing interno de relacionamento com o funcionário, de modo personalizado, que resulte em ações de incentivo ao aperfeiçoamento de seu desempenho com os clientes e a organização.
2. **Transformação dos benefícios em algo tangível e desejável** para o funcionário, numa relação clara de troca. E aqui não estamos falando daqueles benefícios padronizados pelas organizações (refeição, vale-transporte – que, aliás, nem é considerado um benefício – assistência médica etc.), mas daqueles oferecidos somente para os colaboradores que atingem ou superam as metas definidas pela empresa, dentro de um programa previamente estabelecido de incentivo às realizações.

Sem esse conhecimento (expectativas dos funcionários), sem essa ferramenta (banco de dados sobre os funcionários e sem essa preocupação (transformar benefícios em algo desejável), dificilmente qualquer programa de endomarketing atingirá os resultados esperados. Quando falamos de estratégia de gestão, outras questões também devem ser consideradas.

A organização que investe na formação do pessoal é valorizada por seus funcionários, que, por sua vez, se sentem valorizados, pois, através dessa atitude, a empresa demonstra que acredita no potencial deles. E mais, por que buscar constantemente fora da empresa pessoas para ocupar cargos de liderança?

Essa atitude desmotiva o time. Será que não há ninguém na empresa que mereça uma oportunidade? Pense bem: os funcionários têm perspectivas de crescimento em sua empresa? E mais, quando tem autonomia e condições de se desenvolver, a equipe se mantém motivada. Manter um clima familiar, permeado de profissionalismo, faz com que o funcionário se sinta parte importante da empresa, tenha orgulho de trabalhar e esteja seguro para dar sugestões ou fazer críticas.

É fundamental que as chefias de setores mantenham sua equipe informada sobre assuntos importantes e sobre as mudanças que estão ocorrendo na companhia. É fundamental que os funcionários saibam das novidades dentro da empresa e não fora dela, através de terceiros ou pelos meios de comunicação. Isso é terrível, mas acontece muito. Existem empresas que fazem promoções e não informam previamente os setores envolvidos, fazem campanhas publicitárias e não as mostram previamente ao seu pessoal. Será que essas organizações acham que os funcionários não têm nada a ver com isso? Onde está o envolvimento, a comunicação, a cumplicidade?

Reuniões com o principal executivo, por exemplo, quebram a distância e conferem maior integração às diretrizes da empresa. Quando você tem uma comunicação dos dois lados, a empresa sabe quais são as dúvidas dos empregados e tem a oportunidade de respondê-las, evitando que elas virem tabu, boato, fofoca ou, ainda, que alguém responda pela empresa, o que, convenhamos, é o "fim da picada".

E agora que eu embalei, vamos mais fundo. Que tal falar sobre transparência? As chefias devem cumprir o que prometem e agir de acordo com aquilo que falam. As promoções devem ter base profissional e não de camaradagem. Pense bem: você se sentiria motivado se na sua empresa as pessoas promovidas nunca fossem as mais competentes, as mais talentosas ou as que mais merecem e se as promoções fossem baseadas em critérios não profissionais, do tipo camaradagem, favor etc.? E não somente isso, ao participar de ações sociais, a empresa incentiva seus funcionários a fazê-lo e faz com que eles tenham orgulho da empresa.

Creio que exemplos não faltaram. Percebeu como, através do marketing interno, a organização provoca uma verdadeira revolução na sua estratégia de gestão? Claro que não é tão simples assim para quem estava até agora arraigado aos padrões tradicionais de gestão. Criar um ambiente favorável à satisfação e ao bom humor, com responsabilidade e eficiência, eis o desafio. É possível ter esse conjunto simultaneamente em qualquer organização, mas, para isso, é preciso implantar o mais breve possível um programa de endomarketing.

Antes de falar sobre como implantar o endomarketing na organização, vamos nos ater um pouco mais nos processos de comunicação interna da empresa, para entender como o marketing interno se encaixa neles.

O Endomarketing na Comunicação Empresarial

Existem duas estratégias básicas de comunicação interna nas organizações empresariais:

1. a que focaliza a empresa, a visão da direção, os propósitos e os objetivos gerais da organização, procurando promover o comprometimento e a lealdade dos funcionários;
2. a que focaliza as tarefas e a comunicação das questões especificamente relacionadas ao trabalho, procurando promover a melhoria da eficiência e da eficácia dos serviços e dos procedimentos de produção.

Entretanto, existem situações mais complicadas com as quais as empresas se defrontam diariamente, dentro do cenário de constantes mudanças aos quais ela tem de se adequar, que exigem estratégias mais sofisticadas de comunicação para a sua solução. Já sei, você quer um exemplo. Então, vamos a ele: a Certificação ISO 9000 exige um programa de comunicação para conscientizar e preparar os funcionários para a conquista desse desafio, que leve em conta o fato de que uma pessoa precisa estar emocionalmente envolvida no processo e acreditar que também vai sair ganhando, para poder se comprometer com os resultados.

É claro que algumas empresas são mestras na arte de se comunicar com o público interno, mas existem outras que enfrentam extrema dificuldade nesse tipo de comunicação, muitas vezes tentando repassar a informação através daquela "velha circular que não circula", cujo assunto ninguém ficou sabendo e que, após não servir para mais nada, acaba parando no mural de avisos, ao lado do anúncio do carro que alguém pretende vender.

Nesse caso, você há de convir que só uma simples circular interna não vai conseguir esse nível de conscientização exigido para a Certificação ISO 9000. É preciso muito mais. É preciso uma ferramenta que venda essa idéia aos funcionários, estabelecendo um canal eficaz de comunicação interna, que combata a "rádio peão" ou, na pior das hipóteses, participe dela de maneira positiva. Essa ferramenta, esse canal de comunicação eficaz é o endomarketing, pois já foi estatisticamente constatado que, à medida que o processo de marketing interno se desenvolve na organização, os boatos internos tendem a desaparecer.

Da mesma forma, existem organizações que, a pretexto de estarem fazendo marketing interno, possuem variadas ferramentas de comunicação interna, sem que elas sejam sistematicamente integradas. É um tal de faixas para cá, cartazes para lá, folhetos voando, *e-mails* chegando, megassimpósios em hotéis de luxo, viagens para o exterior e outras tantas formas de gastar dinheiro, que, apesar de caras e divertidas, em nada contribuem para a melhoria da comunicação.

Fazer marketing interno não significa elaborar uma frase de impacto com a missão da empresa, colocá-la em um quadro e pendurá-lo na parede para que seja admirada pelos funcionários. Endomarketing é mais do que isso. É um conjunto de ações e ferramentas que, de modo sistemático e integrado, vende uma idéia, um desafio ou um conceito ao público interno. É um conjunto de técnicas que permite vender uma idéia da empresa – com seus objetivos, estratégias, estruturas, dirigentes e demais componentes – ao mercado constituído por seus funcionários (clientes internos, que desenvolvem suas atividades profissionais nela), com o objetivo maior de incrementar sua motivação e, por conseqüência, sua produtividade.

Dessa forma, a organização utiliza o marketing interno como uma estratégia de gestão e não simplesmente como outra forma de comunicação.

A exemplo do marketing, o endomarketing é fruto de muito planejamento. Por isso, não existe organização que "já faz endomarketing sem saber". Isso é impossível. As empresas avançadas procuram desenvolver esforços de marketing interno para transformar tudo aquilo que já fazem em nível de comunicação interna em um programa único, atrativo, eficiente e eficaz. Sendo assim, aplicando os parâmetros do marketing tradicional ao endomarketing, teremos:

- **Estilo de marketing:** Marketing interno
- **Objetivo:** Incrementar a motivação e a produtividade
- **Cliente:** Funcionário
- **Produto:** Empresa
- **Técnicas de venda:** Comunicação interna e participação
- **Força de vendas:** Dirigentes, diretores e gerências

Pensando no equilíbrio social que a empresa busca promover (absolutamente necessário em virtude da emergência de novas culturas organizacionais), e dada a falta de metodologias para alcançá-lo, poderemos também considerar o marketing interno como um elemento auxiliar para o desenvolvimento da estratégia social da organização e da política de valorização do pessoal.

Dessa análise, podemos estabelecer os elementos ou as características principais do marketing interno:

- O funcionário é o cliente interno, é a pessoa a quem teremos de vender as idéias da organização.
- O que devemos vender é a empresa com uma série de características, tais como: melhores condições de trabalho, maior participação junto aos grupos de trabalho, melhor clima organizacional, maior integração e motivação e maior produtividade.
- Para essa venda precisamos de um Plano de Endomarketing ou um Plano de Comunicação Interna, que atue na descendente (da diretoria para os funcionários), para transmitir políticas, objetivos, metas, planos de ação e outros desafios, e na ascendente (dos funcionários para a diretoria), para conhecer a opinião do público interno através de pesquisas de opinião periódicas.
- Para funcionar e obter sucesso, o processo de venda de idéias precisa do envolvimento da força de vendas, ou seja, de seus dirigentes, diretores e gerentes, cujo papel é de fundamental importância para o marketing interno.
- O objetivo final que se pretende alcançar é sempre a motivação global dos funcionários para aumentar a produtividade da organização.

Como Implantar o Endomarketing

Desde a Grécia antiga, já se sabe que o que caracteriza a realidade é a mudança. "Tudo muda, menos o constante mudar", eis o que ensinava Heráclito, filósofo grego que viveu de 540 a 480 a.C. Apesar disso, uma das coisas mais difíceis que existe, tanto do ponto de vista pessoal quanto do organizacional, é mudar. Do ponto de vista organizacional, promover mudanças necessárias é uma questão de sobrevivência. A todo o momento, a realidade externa à empresa está mudando. Novas necessidades, novas demandas e novos concorrentes surgem a cada hora.

A afirmação a seguir exprime a essência da principal fonte de resistência à implantação do endomarketing. Segundo Maquiavel[10],

> [...] não existe nada mais difícil de fazer, nada mais perigoso de conduzir, ou mais incerto do que tomar a iniciava de introduzir uma nova ordem de coisas porque a inovação tem inimigos em todos aqueles que se têm saído bem sob as condições antigas, e defensores não muito entusiásticos entre aqueles que poderiam sair-se bem na nova ordem das coisas.

Muitos erros e acertos têm sido cometidos nas empresas que passam por mudanças, ao tentar implantar o endomarketing. No entanto, pode ter certeza de que os acertos nas mudanças organizacionais só ocorreram quando as pessoas mudaram a sua maneira de encarar as situações e, conseqüentemente, mudaram suas atitudes. O mercado não ensina como a organização deve agir – ele manda, exige e não dá tempo para reflexões. Mude já. Ou a organização aceita ou aceita; estas são as alternativas.

O mesmo acontece com o marketing interno, um processo inevitável que termina com a afirmação de uma nova idéia, corresponde a uma nova realidade (a do mercado totalmente focado no cliente) e equivale a um avanço significativo no campo do comportamento e do conhecimento humano.

Como não poderia deixar de ser, o marketing interno exige investimentos, crença, perseverança e comprometimento corporativo. Por isso, a implan-

---

10. MAQUIAVEL, Nicolau. *O Príncipe*. São Paulo: Martin Claret, 1998. Escrito em 1513, *O Príncipe* é um livro polêmico, perigoso e revolucionário. É um manual para a ação. É a obra-prima de Maquiavel, considerado o pai da ciência política. Seu texto é analisado em escolas e universidades do mundo todo.

tação do endomarketing tem, necessariamente, de começar pela alta administração da empresa e pela gerência de nível médio, a fim de transformá-los em agentes de mudança, de uma nova atitude de comprometimento, capaz de envolver os funcionários.

Portanto, não se implanta endomarketing de baixo para cima. Os defensores dessa possibilidade que me perdoem, mas isso é uma utopia.

Essa percepção é determinada não apenas pelo nível de investimentos envolvido, mas também pela inteligência aplicada aos processos, pelo grau de prioridade com que deverão ser tratadas as questões relacionadas à comunicação interna e, principalmente, pela integração com as demais ações de comunicação da empresa. É por esse motivo que algumas empresas delegam a responsabilidade pela comunicação interna à área de marketing, por entenderem que se trata da conquista de um público-alvo a exemplo dos consumidores, dos acionistas, da sociedade, do governo e da imprensa. Esse pensamento é mais freqüente em setores de grande agressividade no mercado, como bancos e empresas de comunicação.

Evidentemente, os instrumentos adequados para a implantação de um programa de endomarketing na organização incluem todas as ferramentas utilizadas pelo marketing tanto para o diagnóstico da situação – que oriente as ações do marketing interno – como para a elaboração de um programa de ação.

A primeira etapa é o diagnóstico da situação, que tem por objetivo compreender as características dos problemas da empresa, os fatores que efetivamente motivam seus funcionários, bem como seus aspectos culturais. Essas informações, dependendo da complexidade dos problemas, podem ser levantadas com uma pesquisa propriamente dita ou mesmo com conversas informais com os gestores, mas, independentemente das variáveis estudadas ou do método de coleta, essa fase não deve ser negligenciada, pois é ela que vai subsidiar o planejamento da estratégia de marketing interno e definir o quão acurado será o foco do trabalho, garantindo, assim, menor margem de erro.

O diagnóstico, em linhas gerais, abrange uma análise minuciosa do ambiente interno, envolvendo aspectos ligados à avaliação do desempenho dos funcionários, da performance de cada setor ou departamento, do grau de integração entre as diversas áreas da empresa e delas com os clientes externos.

Caberia também, por que não, uma pesquisa do grau de satisfação dos funcionários em relação à empresa, às oportunidades de desenvolvimento, às chefias, à diretoria e ao salário. Essa pesquisa serviria para demonstrar a imagem que cada um faz da empresa, o grau de motivação atual, suas expectativas e frustrações etc.

Se compararmos esse diagnóstico com a avaliação estratégica da empresa, conhecida como análise SWOT[11], podemos dizer que, nesse diagnóstico, procuraremos definir os pontos fortes e fracos, as ameaças e as oportunidades existentes no ambiente interno da organização.

Feita essa avaliação, podemos passar à próxima etapa do processo de implantação que é a elaboração de um programa de ação. Nessa etapa, como diria minha amiga Ana Lucia Rodrigues da Silva, brilhante professora de Produção Científica dos cursos que tenho coordenado, "perceberemos oportunidades de melhoria", que, para se concretizarem, necessitarão da promoção de um processo de mudança.

Para tanto, é imprescindível que você identifique as prioridades a serem atendidas, através da simples análise dos pontos fracos que apresentam maior risco para os objetivos da organização. Ao identificá-los, você estará automaticamente definindo em que ponto específico deverá atuar o endomarketing e em que grau de intensidade. Você já deve ter percebido que, de acordo com a avaliação dos pontos fracos, poderão surgir focos diferentes para a aplicação do endomarketing de maneira bem-sucedida. Quer ver?

---

11. A análise SWOT é uma forma muito difundida de fazer um diagnóstico estratégico da empresa. O que se pretende é definir as relações existentes entre os pontos fortes e fracos da empresa e as tendências mais importantes que se verificam no mercado, seja ele global, seja específico. A análise SWOT é também conhecida como análise Harvard, já que a sua metodologia se baseia no modelo desenvolvido em Harvard. SWOT é a junção das iniciais (em inglês) dos quatro elementos-chave dessa análise estratégica: *Strenghts* – **pontos fortes**: vantagens internas da empresa em relação às concorrentes; *Weaknesses* – **pontos fracos**: desvantagens internas da empresa em relação às concorrentes; *Opportunities* – **oportunidades**: aspectos positivos que podem fazer crescer a vantagem competitiva da empresa; e *Threats* – **ameaças**: aspectos negativos que podem comprometer a vantagem competitiva da empresa. Para o estabelecimento dos pontos fortes e fracos, será necessário reunir uma série de informações internas da empresa. Para as ameaças e oportunidades, será necessário reunir uma série de informações externas da empresa (aqui é necessário ter visão e bom senso).

Um foco, por exemplo, pode ser a falta de entendimento de que o bom atendimento ao cliente, ou melhor, que o encantamento do cliente a cada contato é fundamental para a conquista de novos clientes. O objetivo do marketing interno, nesse caso, será criar a mentalidade de que "encantar o cliente" – externo ou interno – deve ser uma atitude presente em todos os departamentos, no consciente e nas ações de todos os seus funcionários. É o conceito de "o cliente em primeiro lugar" que deve ser impregnado em toda a organização.

Outro foco, por exemplo, pode ser a baixa motivação dos funcionários que estão na linha de frente, comprometendo, assim, o processo de encantamento dos clientes desejado pela organização. Nesse caso, o objetivo do marketing interno será introduzir novos benefícios e desafios para os funcionários, através de programas de incentivos e campanhas de marketing, também chamadas "campanhas de endocomunicação". É a retomada do conceito de "o cliente em primeiro lugar", agora sob o olhar do cliente interno.

Em ambos os casos, o marketing interno mexerá com as atitudes dos funcionários – num processo que inclui o envolvimento, o comprometimento, a sua valorização pessoal e profissional e a sua qualificação para assumir novos desafios – através da comunicação eficaz, que disponibilize um amplo sistema de informações positivas capaz de oferecer subsídios continuados para que todos possam desempenhar suas atividades com a performance esperada.

Os focos de aplicação de um projeto de endomarketing são os processos organizacionais já existentes e, em sua grande maioria, conhecidos, nos quais o marketing interno introduz uma nova visão da cultura empresarial, agora voltada para o atendimento ao cliente, orientada para a excelência dos serviços e centrada na valorização daqueles que prestam o serviço ao cliente – os funcionários.

Dessa forma, cada um dos processos organizacionais existentes será impregnado de inovação em termos de administração interna, na qual o funcionário passa a ser visto como cliente e o marketing, como um conjunto de ações que deve abranger todas as atividades da empresa. Você quer ver alguns exemplos desses processos? Vamos lá.

Processo	Inovação
Treinamento e desenvolvimento	Em vez de condicionar o funcionário a fazer as coisas de determinada maneira, o treinamento deverá transmitir os valores do trabalho em equipe que alavanquem o seu desenvolvimento pessoal e profissional. É o treinamento orientado para a atitude e para a valorização do funcionário e não simplesmente para a técnica.
Processo de seleção	É o momento em que a organização define o tipo de funcionário que ela quer atrair e reter para ser competitiva. Em vez de reagir à ineficiência e rotatividade, a seleção deverá ser criteriosa e proativa. Os itens de avaliação do candidato deverão ser orientados para o atendimento do cliente, para o trabalho em equipe e para a iniciativa e liderança. A imagem que a empresa deve passar ao candidato é de segurança, boa remuneração, carreira, *status* e reconhecimento.
Processo de motivação constante	Não há incentivo maior para um funcionário do que trabalhar em uma organização que tenha um plano de carreira ativo; no entanto, nada é mais recomendável, em termos de motivação, que deixar de vê-lo como um simples empregado e passar a tratá-lo como o cliente interno. Para isso, basta desafiá-lo constantemente, reconhecer o trabalho bem feito, reconhecer a sua importância para a organização e oferecer uma remuneração adequada. Esse processo de motivação constante começa com um desafio; esse desafio gera um esforço; o esforço gera um desempenho superior; esse desempenho é valorizado e gera uma recompensa, que, por sua vez, causa uma satisfação, e esta última, por fim, leva ao comprometimento do funcionário.
Processo de segmentação do público interno	Para o marketing, a segmentação de mercado serve para formar grupos homogêneos de clientes, dentro de um mercado heterogêneo, com as mesmas necessidades e expectativas, separados de acordo com o perfil, as atitudes e os comportamentos. Utilizada pelo endomarketing, essa técnica forma grupos homogêneos de clientes internos, que precisam ser mensurados, ter seu perfil identificado, assim como a sua capacidade de responder aos apelos do marketing. Ah, já sei. Você quer saber quais são os critérios a serem seguidos para essa segmentação? Simples. Você pode usar dados como idade, sexo, escolaridade, religião, renda familiar, *hobbies*, expectativas profissionais, gosto musical, estado civil etc.

Processo	Inovação
Processo de informação e comunicação	Em vez de comunicados, reuniões, circulares e memorandos tradicionais dirigidos aos funcionários, a comunicação interna passa a ser feita através de campanhas de endocomunicação voltadas para a venda de idéias aos clientes internos.

Você deve ter estranhado o fato de todos esses procedimentos já existirem e serem conhecidos. Deve ter notado também que o endomarketing introduziu novos valores a todos eles, uma inovação em termos de administração e comunicação, na qual os funcionários passam a ser tratados como clientes internos e o marketing passa a impregnar todas as atividades administrativas. Sendo assim, com o endomarketing ativo, todos os processos são os mesmos, mas nenhum deles permanece igual.

Como Avaliar os Resultados do Marketing Interno

A grande dificuldade dos executivos de marketing, quando precisam dar conta do retorno do que é investido nas campanhas publicitárias, está em mensurar o retorno de seus investimentos. Essa dificuldade se dá, na maioria das vezes, em virtude da informalidade com que é tratado o processo de avaliação da campanha.

No caso específico do marketing interno, isto torna-se um pouco mais fácil se recorrermos aos conceitos de qualidade de serviços e de atendimento ao cliente.

Karl Albrecht[12] nos ensina que a "satisfação do cliente é o nível de sentimento de uma pessoa, resultante da comparação do resultado de um serviço ou produto em relação às suas expectativas". Portanto, cliente satisfeito, endomarketing bem feito. Concorda? Não? Então, vejamos.

O marketing interno tem como desafio principal estabelecer uma relação integrada dentro da empresa, transmitindo responsabilidade a todos os colaboradores, conscientizando-os dos objetivos finais do negócio, motivando-os

---

12. ALBRECHT, Karl e BRADFORD, Lawrence. *Serviços com Qualidade*. São Paulo: Ed. Makron, 1990.

e envolvendo-os . Isso se aplica como uma luva ao pessoal da linha de frente, aqueles que lidam no dia-a-dia com os clientes.

Sendo assim, esse clima de interação proposto pelo marketing interno só se completa quando os funcionários que não lidam diretamente com os clientes – mas que de maneira indireta podem influenciar o serviço a ser prestado – se tornarem plenamente conscientes da necessidade de a relação empresa-cliente resultar na satisfação total do cliente.

Quando os funcionários de retaguarda – contabilidade, finanças, treinamento, recursos humanos, serviços gerais, ou seja, todos os que não estão na linha de frente – demonstrarem estar conscientes da nova mentalidade a ser implantada pelo marketing – a de que um setor deve se comunicar com outro, sempre com a percepção de que está lidando com um cliente interno e que, a cada novo contato, esse cliente interno deve sair encantado com o atendimento recebido –, então, o clima de interação estará funcionando de modo eficiente, ou seja, o programa de endomarketing estará sendo um sucesso. Desse modo, qualquer tipo de Pesquisa de Satisfação com os clientes externos vai refletir, de maneira agradável, essa nova situação.

No início deste tópico, falamos sobre o retorno dos investimentos em marketing interno e da dificuldade em demonstrá-lo. Fazer uma estimativa do montante exato que se deve gastar para alavancar a comunicação interna ainda não é uma regra absoluta dentro das empresas. É muito difícil saber com precisão se os investimentos para a comunicação interna são suficientes. O que se costuma mensurar é o grau de envolvimento das pessoas com o negócio. Talvez, se comparado com o treinamento, o gasto em comunicação interna seja menor, mas ele acaba se fundindo com os objetivos da comunicação interna na medida em que se trabalhe também para desenvolver nas chefias a capacidade de se comunicar com a sua equipe.

Deixemos de lado a questão dos investimentos. Há, ainda, um pequeno detalhe que eu gostaria de reforçar sobre a avaliação do marketing interno. Tal qual os clientes externos, os funcionários – agora elevados à categoria de clientes internos – também gostam de ser tratados com:

- **Rapidez** – para que suas necessidades sejam atendidas sem demora.
- **Cortesia** – para que em todas as situações prevaleça o respeito e educação.
- **Honestidade** – para que tenham a certeza de que as promessas serão cumpridas.
- **Profissionalismo** – para que observem sua competência nas ações.
- **Interesse** – para que percebam uma genuína vontade de ajudá-los.
- **Deferência** – para que se sintam importantes e valorizados.

Agindo dessa forma, você garantirá uma atitude recíproca dos funcionários em relação ao cliente externo. Recebendo esse tipo de tratamento, o cliente externo estará satisfeito, ou seja, se o endomarketing for bem feito, quem ganha é o cliente externo. Concorda? Ah, agora você concordou, não é mesmo?

Essa análise nos leva aos seguintes fatores de sucesso do endomarketing:

Valorizar a cultura da organização

Quando se fala em cultura, fala-se de valores, crenças e comportamentos que permeiam a empresa, bem como a experiência e a intuição de seus funcionários. Cada empresa tem um tipo de cultura diferente exatamente porque é uma organização constituída de pessoas.

É isso que faz com que em endomarketing não exista uma "bula" que possa sair diretamente do livro para a empresa. O que serve para uma organização nem sempre serve para a outra.

Toda empresa, como todo ser humano, é única. E, como são compostas de pessoas, sofrem do mesmo mal. O mal da falta de comunicação. E nem nisso elas são iguais, porque sofrem do mesmo mal, mas em intensidades diferentes.

Portanto, alguns objetos de campanhas internas podem ser copiados, algumas ações podem ser adaptadas e algumas idéias podem ser adequadas, mas cada caso tem a sua particularidade e o conteúdo jamais será o mesmo.

Usar como um processo educativo

Muitas empresas gastam mais recursos com a manutenção de suas instalações e de seus equipamentos do que treinando seus funcionários. Muitas jogam dinheiro fora oferecendo cursos como forma de premiação, educando pessoas erradas que, ao serem selecionadas, não foram questionadas sobre a sua disponibilidade para o aprendizado, sobre sua visão de futuro ou sua abertura para mudanças.

O desafio está em criar um ambiente de renovação atraente, através da educação continuada e da motivação para pôr em prática os ensinamentos, pois qualquer organização pode conseguir avanços significativos se adotar técnicas estimulantes que ajudem seus clientes internos a se livrar das dificuldades naturais de aprendizagem.

Portanto, não existe mudança sem que as pessoas sejam educadas para isso e, sendo assim, o treinamento é um dos mais importantes instrumentos de marketing interno.

Usar peças de campanha que encantem o público

No marketing interno, a criatividade é essencial para estabelecer a estratégia de aproximação entre a empresa e o funcionário. A geração de idéias certamente não é a parte mais difícil do marketing interno.

O desafio está na continuidade do processo, pois, como uma campanha de endomarketing pode levar um período de tempo longo, os responsáveis por ela precisam se superar a cada instante para manter acesa nos funcionários a chama da idéia que está sendo vendida.

Tomar cuidado com o impacto visual das peças de campanha

De acordo com os especialistas em meios de comunicação, a retenção do conteúdo de uma mensagem ocorre nas seguintes proporções:

- 3,5% pelo paladar
- 4,0% pelo tato
- 5,5% pelo olfato
- 12,0% pela audição
- 75,0% pela visão

Esse é o motivo pelo qual, por exemplo, a televisão é considerada a melhor mídia de comunicação quando se pensa no alcance de um público mais amplo.

Sendo assim, dependendo da situação, uma rádio interna tem muito menos eficácia do que um jornal interno, um vídeo ou uma faixa. Esse é o principal motivo pelo qual as peças da campanha de endomarketing devem ser cuidadosamente escolhidas para ter um grande impacto sobre o público interno.

Lembrar que as cores mexem com a emoção das pessoas já é uma garantia de sucesso na produção de peças de comunicação interna.

Utilizar mensagens simples, curtas e claras

Vivemos a época do marketing *one-to-one*, cujas ferramentas principais são o banco de dados e a capacidade de oferecer produtos e serviços sob medida para as necessidades dos clientes. Assim sendo, a comunicação interna deve ser realizada através de mensagens direcionadas à pessoa e não à coletividade. Por esse motivo, mais do que simplesmente formular uma mensagem, a organização precisa estar convicta de que os funcionários entenderam e assimilaram totalmente aquilo que foi transmitido.

Lembrar que a mentira sempre aparece

Mensagens simples, curtas e claras ajudam a conquistar a credibilidade do público interno.

As pessoas que não têm convivência com determinado fato não sabem distinguir a informação verdadeira da falsa. Para elas, o simples enunciado da informação já é suficiente. Esse é o motivo pelo qual a direção da empresa precisa ser absolutamente honesta e transparente na informação, na crítica e no elogio, afinal, a decisão rápida e eficiente e a avaliação imparcial não combinam com meias verdades.

Em endomarketing, a verdade, por pior que seja, deve ser buscada na sua plenitude, embora possa ter efeitos colaterais.

Um Plano de Endomarketing Passo a Passo

Vale a pena lembrar que a comunicação é uma das habilidades que tornam a vida social possível, pois por meio dela se processam as relações entre os seres humanos. Comunicar-se consiste em transmitir, de maneira intencional ou não, informações destinadas a esclarecer ou a influenciar outras pessoas. Nesta expressão "esclarecer ou influenciar outras pessoas" reside o "poder de fogo" do marketing interno. Sendo assim, nem todos os problemas da organização podem ser resolvidos pelo marketing interno. Apenas aqueles que dependem de uma mudança de comportamento das pessoas e que envolvem a comunicação interna como forma de consegui-lo. Para esses problemas, precisamos desenvolver um Plano de Endomarketing específico. Essa ferramenta, que será utilizada para o desenvolvimento de um projeto de endomarketing, é, em seus fundamentos, a mesma utilizada pelos projetos de marketing.

Para cada problema que a organização deseja resolver, de acordo com a sua escala de prioridades, deve ser elaborado Plano de Endomarketing, que envolve as seguintes fases:

Fases do Plano de Endomarketing

Definição do problema Dentro das prioridades a ser atendidas, descrever o problema a ser resolvido, definindo em que ponto específico deverá atuar o endomarketing.

Diagnóstico da situação atual em relação ao problema Fazer uma pesquisa interna para descobrir:

- Quais são os nossos pontos fracos?
- Quais são os nossos pontos fortes?
- Quais são as ameaças?
- Quais são as oportunidades?

Provavelmente você associou essa pesquisa à análise SWOT. Entretanto, a meu ver, cabem aqui alguns ajustes que deixarão esse diagnóstico mais ao gosto do marketing interno ou, mais especificamente, da campanha de endomarketing que virá mais à frente.

Veja:

Pontos vulneráveis (em vez de pontos fracos)

Quais os problemas da empresa e, portanto, de "conhecimento geral" dos funcionários que poderão impedi-los de "comprar" a idéia que se pretende vender?

Para você entender essa diferença (que não é apenas de semântica), imagine que o nosso time tenha um ponto fraco: a defesa. Por que ela é o ponto fraco do nosso time? Porque tem um ponto vulnerável: o goleiro. Entendeu a diferença?

Pontos fortes

Quais os procedimentos adotados pela empresa, também de "conhecimento geral" dos funcionários (ignorados por desconhecimento ou falhas de comunicação interna), que minimizam ou eliminam os pontos vulneráveis apontados?

É importante observar que, para cada ponto vulnerável, você deverá ter, no mínimo, um ponto forte que o atenue, ou seja, algo que já seja oferecido pela empresa, mas que, por uma falha de comunicação, nem todos saibam. Para você entender, imagine que o nosso time tenha um ponto vulnerável: o goleiro. Em compensação, tenha um ponto forte: o ataque. Se o ataque funcionar bem, o time adversário vai se defender mais e as possibilidades de o nosso goleiro mostrar sua vulnerabilidade serão bem menores.

Ameaças

Quais os problemas que poderão impedir só os funcionários interessados de "comprar" a idéia que se pretende vender?

Incentivos (em vez de oportunidades)

Quais os incentivos ou benefícios que serão oferecidos apenas aos funcionários interessados para eliminar as ameaças apontadas e motivá-los a "comprar" a idéia que se pretende vender?

Uma ameaça, um fator que pode vir a prejudicar a venda da sua idéia, não é, necessariamente, uma má notícia. Ela pode provocar o aparecimento de um desejo incontrolável de adquirir a idéia, desde que o incentivo oferecido seja irresistível.

Para isso, você deverá descobrir como essa ameaça pode ser explorada de modo que ofereça um benefício real para o comprador.

É importante observar que, para cada ameaça, você deverá ter, no mínimo, um incentivo que a atenue, ou seja, algo que será oferecido pela empresa apenas para aqueles que aderirem à idéia em questão.

Tenho a impressão de que você deva estar se perguntando: que tipo de incentivos deverei oferecer para que uma ameaça possa ser transformada em oportunidade? Basta ter criatividade, conhecimento do perfil e das expectativas do comprador e um investimento compatível com a sua disponibilidade.

Definição do objetivo

O que a empresa pretende através da aplicação do endomarketing?

- Aumentar a produtividade?
- Melhorar a qualidade de um serviço?
- Lançar um novo produto ou serviço?
- Melhorar o atendimento ao público?

Nessa etapa, vale a pena perder algum tempo e estabelecer objetivos mensuráveis, que possam ser objeto de controle e acompanhamento ao longo da campanha de endomarketing.

O objetivo bem elaborado deve ser específico, viável, mensurável e cronologicamente definido.

Criação dos ícones de comunicação para a campanha de endomarketing

Segundo os dicionários, "ícone" é um signo (figura, palavra, som, frase) que apresenta relação de semelhança ou analogia com aquilo que se quer transmitir. É uma pequena imagem gráfica concebida para funcionar como a representação visual de uma idéia e que permite ao usuário fazer uma visualização mental dela sem ter a necessidade de vê-la explicitada.

Para o endomarketing, são considerados ícones de comunicação:

1. *Slogan* para a campanha

   Boa parte da vida humana é guiada por jargões e *slogans*. A sociedade consome cada vez mais slogans que passam a integrar o estilo, a linguagem e a cultura.

   Quanto mais os *slogans* são repetidos, maior será a probabilidade de se tornarem verdades absolutas em relação às pessoas.

   É próprio do *slogan* não exigir esforço de análise, mas causar repetições cada vez mais automáticas, compulsivas, até o desgaste final, resultando em desuso. Logo, porém, surge outro *slogan*, sintonizado com o momento, e novamente lá estamos nós subjugados a ele.

Você é do tempo de *slogans* do tipo: "é uma brasa, mora", "podes crer, amizade", "é isso aí, bicho", "sossega leão", "qual é o parangolé?" e tantos outros já em desuso. Não? Então, no lugar deles, você já deve conhecer uma penca de outros mais e assim vão surgindo outros a cada época.

Portanto, adotar um *slogan* para a campanha do endomarketing é algo fundamental.

2. **Marca da campanha**
Marca é um sinal distintivo (palavra, figura, símbolo etc.), visualmente perceptível, que identifica e distingue produtos e serviços de outros iguais ou semelhantes.

A marca é o principal elo entre a idéia que se quer vender e o cliente interno, pois é através dela que ele identifica a idéia e a diferencia das demais.

Ela é capaz de tornar tangível para o cliente interno as idéias, a filosofia e os objetivos de determinada campanha de endomarketing. Por isso, com o passar do tempo, a marca passa a ser também o referencial daquela campanha.

Por isso, vale a pena criar uma marca para a sua campanha.

3. **Personagem-símbolo da campanha**
A exemplo dos anteriores, o personagem da campanha ajuda a fixar na mente do cliente interno a idéia que está sendo vendida.

Eu diria que uma campanha de endomarketing sem personagem, no mínimo, é estranha e sem encanto.

Definição do perfil do público-alvo

Uma mensagem raramente consegue atingir a todos de uma mesma forma. Nem todos gostam do mesmo refrigerante, do mesmo quarto de hotel, do mesmo restaurante, do mesmo automóvel, da mesma faculdade ou do mesmo filme. Sendo assim, os profissionais de marketing fazem questão de segmentar o mercado.

Para o marketing interno não será diferente: você precisa identificar e traçar os perfis dos grupos distintos de funcionários que poderão exigir mensagens de marketing variáveis. Assim, para cada segmento escolhido, a campanha prevê um tipo de apelo diferenciado para vender a mesma idéia.

Em princípio, toda organização já contém três segmentos de público interno bem delineados:

- alta direção
- chefias intermediárias
- pessoal de base

Você não acredita que exista diferença entre eles, não é? Então, imagine o que os funcionários pertencentes a cada um desses segmentos buscam fazer com o salário no final do mês, ou com o décimo terceiro salário no final do ano, ou o que faz com que eles percam o sono. Com certeza, você vai descobrir que o perfil deles é diferente.

Desenvolvimento da campanha de endomarketing

Segundo a Associação Americana de Propaganda, "propaganda é a mensagem divulgada em veículos de grande penetração (TV, rádio, revistas, jornais etc.) e patrocinada por um anunciante que tem por objetivo criar ou reforçar idéias ou preferências na mente do consumidor, predispondo-o favoravelmente em relação ao produto, serviço ou empresa patrocinadora".

O objetivo é criar, mudar ou reforçar atitudes mentais que vão influir no comportamento das pessoas.

Em termos de marketing interno e de acordo com os melhores profissionais do ramo, a campanha de endomarketing eficiente é aquela que:

- proporciona orientação para o cliente interno;

- concentra-se em uma só idéia, dando ênfase no benefício mais importante;
- apresenta uma idéia competitiva e diferenciada;
- capta e mantém a atenção do cliente interno, além de trabalhar sua motivação;
- deve ser crível e sincera (o exagero e a fantasia valem, mas não devem tentar enganar);
- deve ser simples, clara e completa, sem deixar mal-entendidos;
- associa a idéia e os benefícios à marca, ao *slogan* e ao personagem;
- estabelece um forte desejo de compra;
- deve aproveitar bem o veículo de comunicação (a propaganda eficiente usa o veículo certo para o seu propósito).

Sendo assim, você deve ter o máximo cuidado ao escolher os meios de comunicação, ao definir o conteúdo e ao elaborar as peças da campanha de endomarketing.

Em termos de formatação dentro do Plano de Endomarketing, a campanha de endomarketing é composta de uma planilha que indica:

- o número do anexo em que cada peça, evento ou brinde estarão descritos;
- o nome de cada peça, evento ou brinde a ser utilizado;
- a quantidade de cada peça, evento ou brinde utilizado;
- o local onde cada peça será colocada, ou onde o evento será realizado ou onde o brinde será entregue;
- o custo total de cada peça, evento ou brinde utilizado.

Um total geral no final dessa planilha indica qual o custo total dessa campanha ou quanto deverá ser investido para resolver o problema em questão. Esse campo, juntamente com o número do anexo em que cada peça estará descrita com mais detalhes, é fundamental para o Plano de Endomarketing. Sem eles, será praticamente impossível você obter a aprovação para a sua campanha.

Ao escolher as mídias que serão utilizadas na campanha, você deverá levar em conta a definição do perfil do público-alvo. Um erro nessa escolha poderá comprometer toda a campanha e inevitavelmente significará perda de dinheiro.

Ao elaborar o texto das peças de campanha, você deverá levar em conta a técnica para a venda de idéias a que nos referimos anteriormente. Lembra?

1. Apresentar uma idéia de cada vez.
2. Usar palavras simples e precisas.
3. Ilustrar a idéia e mostrá-la em ação.
4. Acrescentar novos benefícios.
5. Provocar a ação.
6. Deixar os "custos" para o final.

Ao confeccionar as peças de campanha, você deverá levar em conta as duas regrinhas da comunicação, que também já vimos anteriormente. Lembra?

1. As pessoas sempre reagem à forma como os fatos são apresentados e nunca aos fatos em si.
2. O que importa não é a experiência em si, mas a crença gerada a partir dela.

Escolha da data de lançamento da campanha de endomarketing

O clima do evento de lançamento deve ser o de um coquetel ou de uma festa, da qual deverá participar todo o público-alvo da campanha, num ambiente informal, descontraído e decorado com os ícones da campanha.

O lançamento oficial, de preferência, deve ser feito pelo presidente da empresa, pois os fatos, os números e as informações, divulgados diretamente pelo dirigente máximo da organização, têm maior valor para os funcionários.

Nessa oportunidade, deverá ser lançada apenas a idéia principal, deixando os detalhes para a própria campanha.

Um Caso para Estudo

O caso a seguir é a adaptação de um trabalho gentilmente cedido pelos seus autores[13], meus alunos do curso de "Sistemas Avançados de Comunicação Empresarial", que permitiram a sua utilização neste livro. Ele ilustra, através de uma situação fictícia, apenas a formatação e a apresentação de cada item do Plano de Endomarketing, sem a preocupação de apresentar um conteúdo coerente com o problema apresentado.

A Empresa

Há 25 anos no mercado, a Casa Ceará é uma empresa que vende e aluga produtos eletrodomésticos, com um faturamento anual de 120 milhões de reais. Com sua sede administrativa localizada no Km 20 da Rodovia Raposo Tavares, possui 1.900 funcionários, todos com bom nível escolar (apenas 10% tem curso superior completo e os demais fazem ou já concluíram o 2º grau). A Casa Ceará possui 30 lojas espalhadas pela Grande São Paulo.

A alta direção da Casa Ceará é formada por 1 presidente e 5 diretores, cuja média salarial é de R$ 12.000,00 mensais. A chefia intermediária é composta de 3 gerentes gerais, 6 gerentes operacionais, 30 gerentes de lojas e 60 supervisores e tem uma média salarial de R$ 3.000,00 mensais. Os demais funcionários, possuem, em média, 3 anos de casa e ganham, em média, R$ 800,00 mensais.

Além dos benefícios de praxe, todo funcionário dispõe de um plano básico de assistência médica, transporte circular para 20 pontos da Grande São Paulo, restaurante no local e um programa de compra de eletrodomésticos com desconto. A Casa Ceará se orgulha de ter um moderno centro de treinamento com 4 salas, cuja capacidade é de 20 alunos cada uma, e do seu centro de lazer, ambos localizados na sede administrativa.

---

13. Cristina Gomes dos Reis Lobo, Maria Cristina Rolim Cauchioli, Patricia Martins Borba e Simone Pereira Leon, alunas da Turma 41 do curso de Pós-Graduação em Administração de Recursos Humanos da CECUR-FAAP, outubro de 2001.

O Fato

A Casa Ceará vai promover uma série de cursos de Qualidade Total para todos os funcionários, que utilizará novas formas de comunicação com os alunos, com o objetivo de melhorar ainda mais a sua qualidade e produtividade.

Para que esse projeto seja viabilizado, será ministrado um curso especial de 5 noites de duração, apenas para aqueles funcionários que se interessarem em ser multiplicadores desse treinamento na empresa, motivo pelo qual a inscrição é facultativa.

Como não vai poder remunerar a participação dos multiplicadores na série de cursos de Qualidade Total, a Casa Ceará espera a colaboração de pelo menos 20 funcionários que possuam liderança e poder de comunicação para que se matriculem e participem ativamente desse curso especial e das demais atividades programadas. Para isso, a diretoria está disposta a investir até R$ 100.000,00 em uma campanha de endomarketing.

O Problema

O principal problema em relação ao fato levantado é conseguir a adesão de um número suficiente de funcionários qualificados para esse treinamento.

COMENTÁRIO – Note que o problema da campanha não tem nada que ver com o problema da organização ao promover os cursos de Qualidade Total.

Diagnóstico da Situação Atual

Pontos vulneráveis

São pontos vulneráveis da Casa Ceará:

- Pouca adesão para as atividades de treinamento
- Perda de produtividade dos participantes
- Local pouco seguro à noite

Pontos fortes

Para combater os pontos vulneráveis, serão usados os seguintes pontos fortes da empresa:

- Plano de carreira orientado por atividades de treinamento
- Programa de compensações de horário de trabalho
- Infraestrutura adequada para as atividades noturnas

Ameaças

A idéia apresenta as seguintes ameaças:

- Número de inscrições inferior ao número de alunos
- Desinteresse pelo horário de realização dos cursos
- Boicote à idéia de se ter multiplicadores

Incentivos

Para combater as ameaças citadas, serão usados os seguintes incentivos:

- Pagamento de horas extras em dobro durante o curso
- Distribuição de prêmios para os mais atuantes
- Sorteio de uma TV 39 polegadas entre os participantes

COMENTÁRIO – Note que, para cada ponto vulnerável, o exemplo apresenta um ponto forte da empresa que o atenue ou que resolva a resistência causada por ele. Podemos dizer o mesmo em relação às ameaças e aos incentivos que serão oferecidos para atenuá-las. Cada ameaça deverá ter um incentivo que transforme aquela resistência em uma vantagem percebida.

Objetivo

O objetivo da nossa campanha é recrutar 60 funcionários que atuem na alta direção e na chefia intermediária para participarem do processo de seleção que indicará os 20 participantes do curso.

COMENTÁRIO – Note que o objetivo da campanha também não tem nada que ver com o objetivo da organização ao promover os cursos de Qualidade Total. O objetivo da campanha passou a ser recrutar um número de funcionários 3 vezes maior que o número de multiplicadores necessário, pois muitos deles deverão ser considerados inaptos pelo processo de seleção. O fato de se ter buscado esses clientes internos na alta direção e na chefia intermediária se justifica pela necessidade de contar com pessoas que possuam liderança e poder de comunicação, características típicas dos ocupantes desses cargos.

Os Ícones de Comunicação

Marca

A marca da nossa campanha será: **Q! LEGAL**

Slogan

O *slogan* da nossa campanha será: **"Multiplix a nossa Qualidade"**

Personagem

O personagem da nossa campanha será: *Multiplix*

Perfil do Público Interno

Somente serão contatados os funcionários da empresa que pertençam à alta direção e à chefia intermediária, que possuam espírito de liderança e facilidade de comunicação. Esses profissionais ganham por volta de R$ 3.000,00 mensais, possuem carro, assistência médica básica e todos são casados.

A Campanha

Anexo	O que	Qtde.	Onde	Custo
1	Faixas	3	Portaria, pátio e refeitório	150,00
2	Cartazes	42	Corredores e refeitório	210,00
3	Canetas	1.900	Todos os funcionários	9.500,00
4	Carro 0 Km	1	Sorteio no final	20.000,00
5	Camisetas	1.500	Sorteio nas áreas	5.700,00
			TOTAL	35.560,00

COMENTÁRIO – Note que a campanha está perfeitamente adequada aos padrões de apresentação propostos para este item. No entanto, o seu retorno é duvidoso. Por quê? Vejamos.

Faixa é um tipo de mídia que corresponde ao perfil do público-alvo (alta direção e chefia intermediária)? Não. Será que funciona? Não. E os cartazes? Eles já têm mais chances. Mas é um tipo de mídia que corresponde ao perfil do público-alvo? Não. Será que funciona? Não. Portanto, você deve procurar um tipo de mídia que atinja o público-alvo. Pense bem: qual a vantagem de distribuir uma caneta para cada funcionário, se o público-alvo é composto de apenas 105 pessoas da alta direção e chefia intermediária? Sem dúvida, vamos jogar dinheiro fora. Mais uma vez, a mídia foi mal escolhida. O carro 0 Km, esse sim, é um atrativo e tanto. Se você tem R$ 100 mil para gastar, por que não 2 carros? E por que não 3? Agora, 1.500 camisetas e ainda para serem sorteadas nas áreas? Qual é a atratividade desse "brinde" para a alta direção e a chefia intermediária? Nenhuma, concorda? Portanto, mais dinheiro jogado fora.

Realmente, essa campanha merece reparos. As mídias devem ser cuidadosamente escolhidas de acordo com o perfil do público-alvo, sob risco de gastar muito dinheiro e não ter o retorno desejado. Marketing é coisa para profissionais do ramo e não para curiosos. E o marketing interno não é diferente.

Data de Lançamento

A campanha terá início no dia 17 de novembro de 2004, pois, nesse dia, comemora-se mais um aniversário da empresa e, dessa forma, a Casa Ceará dará a largada para uma atividade que levará a empresa e os funcionários a multiplicar os anos de sucesso no mercado.

Anexos

Anexo 1 – Faixas

3 faixas em vinil
6,0 × 1,20 m
Pintura em silk-screen
3 cores
Preço: R$ 50,00/cada uma

Anexo 2 – Folhetos

42 cartazes
Papel cartolina A3 150 g
Impressão em 3 cores
Frente
Preço: R$ 5,00/cada um

Anexo 3 – Canetas

1.900 canetas
Monte Branco Popular
Folheada a ouro
Estojo personalizado
Preço: R$ 5,00/cada uma

Anexo 4 – Automóvel 0 Km

1 Gol Plus 1.0 16v Gasolina
Prata Light 0 km
2 portas
Licenciado
Preço: R$ 20.000,00

Anexo 5 – Camisetas

500 camisetas
Tamanhos M-G-GG
Linha Ering esporte
Cor branca estampada
Preço: R$ 3,80/cada uma

Uma Palavra sobre as Peças de Endomarketing

Além do próprio material de acompanhamento do programa, devem ser utilizados outros tipos de peças de endomarketing, lembrando que, com as constantes mudanças tecnológicas, outras poderão se juntar a essa relação. Eis alguns exemplos:

Teatro Ensinar divertindo. É essa a principal característica dessa forma de treinamento que vem sendo cada vez mais aplicada pelas empresas. Com peças sobre variados temas, as empresas especializadas oferecem espetáculos de nível profissional que, além de passar conceitos, divertem os funcionários. A vantagem do treinamento através do teatro é que a peça envolve todos os sentidos de quem está assistindo.

Palestras Tem por objetivo proporcionar um contato direto entre as pessoas. Devem ser cuidadosamente escolhidas e muito bem preparadas para proporcionar os resultados esperados. A escolha do orador e do público é de fundamental importância para que as idéias sejam adequadamente assimiladas.

Reuniões Elas exercem um importante papel na integração das equipes. São instrumentos de comunicação direta através dos quais se torna possível motivar a equipe, levando-a a buscar determinado objetivo ou comprar uma idéia. O importante é não exagerar na quantidade de reuniões com o mesmo grupo.

Manual do funcionário Também conhecido como manual de integração, serve para integrar o funcionário ao ambiente de trabalho, mostrando-lhe seus direitos e deveres, na fase de adaptação à empresa e ao trabalho. Além de visualmente agradável, sua linguagem deve ser clara e sucinta, mostrando as principais informações de interesse do funcionário. A correta utilização desse instrumento de marketing interno acarreta um prestígio para o funcionário, uma redução dos problemas de trabalho e uma melhor utilização das instalações e dos equipamentos.

Folheto ou *folder* Passam uma idéia de esforço planejado e, por isso, são essenciais nas campanhas de endomarketing. São essenciais para que a empresa consolide sua relação com o público interno e, conseqüentemente, provoque no seu colaborador um sentimento de desafio, colaboração, satisfação ou desejo, de acordo com a mensagem que contenham. A diferença entre essas duas peças é que o *folder* é um folheto de uma folha só, impressa e dobrada para fins publicitários, enquanto o folheto é uma publicação de pequeno tamanho e poucas páginas.

Quadro de avisos	É um eficiente instrumento de marketing interno, principalmente quando colocado em uma posição estratégica dentro da organização com uma aparência atraente e chamativa. A sua grande vantagem é poder ser utilizado para uma infinidade de informações. Ele deve ser colocado em um local de fácil acesso e grande circulação; o material precisa ser trocado, de preferência, semanalmente, assim como é essencial o uso de imagens e fotografias, circundadas por um texto simples e breve.
Jornal interno	É o jornal específico para o público interno. É importante porque valoriza o funcionário, mostrando a sua vida na organização e fazendo com que ele se sinta parte integrante e importante da empresa. Evidentemente, a concorrência com a mídia geral é muito grande, obrigando os jornais e as revistas destinados ao público interno a ser igualmente atrativos e interessantes. O texto deve ser compreendido não só pelas chefias, mas também pelo pessoal de base. O redator dos grandes jornais diários escreve de modo que o operário da fábrica possa entender. O mesmo deve acontecer com as publicações internas da empresa.
Cartazes motivacionais	Sua principal característica é ser de fácil visualização, pois utiliza desenhos, figuras, formas e cores agradáveis e chamativas, cujo objetivo é incentivar os funcionários a alcançar suas metas. A sua utilização deve ser sucessiva.
Mensagens virtuais	São feitas através do descanso de tela dos computadores e objetivam apresentar a marca e o *slogan* da campanha, reforçando assim a venda da idéia desejada.
Rádio interna	Não é a "rádio peão". É a rádio oficial da empresa. É muito popular e a sua aceitação pelo público interno é excelente. A programação deve utilizar frases de efeito e notícias curtas, intercalando essas informações com músicas de boa qualidade e ao gosto dos ouvintes.

E-mail	Atualmente é muito utilizado pelas empresas. Permite o intercâmbio de mensagens entre funcionários e a própria empresa, contribuindo para a fluência da comunicação interna.
Intranet	É o que existe de mais recente em termos de comunicação interna. Permite, por exemplo, que determinado setor divulgue ao restante da organização aquilo que está fazendo. Sua importância está no fato de poder integrar todos os colaboradores da empresa, independentemente de sua localização física.

Quanto à linguagem, recomenda-se que ela seja leve, curta, objetiva e, acima de tudo, motivadora, com uso de imagens e muita interatividade. Nunca deve ser uma simples transcrição do texto que está presente nas revistas ou jornais da empresa.

A intranet não funciona por si só. Ela deve ser utilizada como complemento de outras ferramentas, a menos que se trate de uma organização em que a totalidade dos funcionários esteja ligada em rede e tenha facilidade para usar os computadores. O ideal é que a intranet seja utilizada juntamente com os meios tradicionais de comunicação. |

Rapidamente, poderia citar ainda:

Conversa com o presidente	Os funcionários se reúnem com o presidente em um evento em que são respondidas perguntas.
Comitê de comunicação	Analisa os materiais que serão divulgados pela empresa e os assuntos que possam causar impacto no clima organizacional antes que gerentes e supervisores os transmitam a seus colaboradores.
Mensagem do dia	É um informativo por *e-mail* com mensagens de otimismo e motivação.
News Letter	Constitui-se em um *e-mail* com informações relacionadas à área de atuação da empresa, em duas edições diárias.

Boletim de integração	É um boletim impresso semanal voltado para assuntos do dia-a-dia dos funcionários.
Jornal do líder	É um boletim bimestral exclusivo para as chefias.
Jornal mural	Trata-se de um jornal mural de apresentação bimestral.
Guia Cultural	Consiste em um boletim impresso semanal com dicas e programações culturais.

Esses são alguns exemplos de peças de endomarketing que podem ser utilizados pela empresa para incrementar suas campanhas de endocomunicação para o público interno. Muitos outros existem e aqui não foram citados, mas o importante é que a organização se valha adequadamente deles para vender aos seus funcionários as idéias do plano de endomarketing proposto. Cabe ao comunicador optar pelo melhor instrumento ou compor um mix adequado às necessidades da campanha e fazer com que alcance o público interno com eficiência.

No entanto, na maioria absoluta das empresas brasileiras, a comunicação interna ainda é sinônimo de veículos internos de comunicação – normalmente jornais e revistas impressos. Isso justifica, em parte, porque um número enorme de empresas tem como profissionais responsáveis pela comunicação interna jornalistas e relações públicas – alguns deles já procurando fazer especializações em áreas tradicionais de gestão, como administração e logicamente marketing.

A campanha de endomarketing é uma ferramenta essencial no processo de educação continuada, no qual a repetição espaçada, criativa e planejada, longe de ser cansativa, atrai e promove o entendimento e a fixação da informação. Assim, o uso de diferentes veículos e formas de comunicação garante que o funcionário sempre tenha acesso à idéia que se quer vender e, principalmente, possa comprá-la.

Conclusão

As empresas visionárias sabem que investir em uma boa comunicação interna faz com que as pessoas sejam felizes no seu ambiente de trabalho, aumenta a produtividade, agiliza as decisões e aumenta a fidelização dos clientes externos. Isso é lucro.
(Analisa de Medeiros Brum)

O tempo vai mostrar que investir na qualidade da empresa e das pessoas que formam a empresa é fundamental. O desenvolvimento em progressão geométrica da tecnologia a serviço da informação é uma barreira que só será transposta por aqueles que realmente estiverem preparados para vencer esse desafio. O conhecimento humano duplica a cada cinco anos e já existem pesquisas que indicam que 50% das pessoas que entrarão no mercado de trabalho neste início do século XXI ocuparão cargos e funções que ainda não existem.

As máquinas farão parte integrante das tarefas rotineiras, mecânicas ou perigosas, deixando para o ser humano o conhecimento, a iniciativa e a criatividade. E, nesse contexto, o uso do marketing interno busca promover mudanças de valores para adequar as empresas à nova configuração do mercado de serviço.

O desenvolvimento de um sistema avançado de comunicação interna em uma organização pode traduzir-se num conjunto enorme de vantagens, não só para a organização, mas também para os seus colaboradores e para o público consumidor em geral.

Para o funcionário, permitirá melhor conhecimento da organização e das suas atividades, bem como de todos quantos nela trabalham, uma compreensão mais correta dos problemas inerentes aos diversos serviços, o sentimento de ser tratado de maneira humana, a eliminação dos sentimentos de isolamento e de anonimato, a satisfação de poder exprimir os seus próprios pontos de vista, o orgulho de pertencer a uma equipe e de nela desempenhar um papel importante, a motivação genuína pelo seu trabalho e um melhor ambiente de trabalho.

Para as chefias, possibilitará um conhecimento maior dos problemas dos seus funcionários, um relacionamento mais equilibrado com cada colaborador, uma compreensão maior dos valores individuais e dos sentimentos da equipe, uma avaliação mais eficiente dos talentos criativos e inovadores e a certeza de que é possível trabalhar com um pessoal mais estável.

Para a organização, proporcionará um maior dinamismo, entusiasmo e vivacidade, menos desperdício de tempo e de material, maior satisfação de todas as chefias, aumento da produtividade e dos lucros. Compartilhar sentimentos, crenças e idéias a respeito da organização contribui para que elementos externos como a crise econômica, o desemprego, a instabilidade política e os boatos sejam neutralizados.

Para o cliente consumidor, haverá uma melhoria significativa dos produtos e serviços prestados.

Apostar, pois, em uma política de comunicação interna mais voltada para a motivação, através do uso ativo do marketing interno, é apostar na valorização dos recursos humanos e, por conseqüência, na própria organização. É contribuir para uma interação completa entre a cultura de cada funcionário e a cultura da organização. Da junção de todos esses fatores, teremos a satisfação total do cliente externo; caso contrário, não haverá pessoas preparadas nem motivadas. Sem motivação do pessoal, não haverá mudanças. Sem mudanças, não haverá adaptação da organização às exigências do mercado.

Em suma, para ter sucesso no mercado global, o grande desafio das organizações é a melhoria do clima e a construção de uma cultura organizacional que traduza a realidade concreta da complexidade humana, que é, afinal, a medida de todas as coisas. Sonho ou realidade? Só o tempo dirá.

**Nunca deixe de dizer o que você pensa,
mas nunca deixe de pensar o que você diz.**

(João Lucio Neto)

Referências Bibliográficas

ALBRECHT, Karl; BRADFORD, Lawrence. *Serviços com qualidade*. São Paulo: Makron Books, 1990.

ALMEIDA, Othon Cesar Barros. *Programa de automotivação*. São Paulo: IBDP, 1980.

ALMEIDA, Sergio. *Cliente nunca mais:* 500 dicas para perder clientes. Salvador: Quality House, 1998.

ALVES, Vida; ALVES, Thais. *Arte da comunicação*. apostila do curso Arte da Comunicação. São Paulo, 1988.

ARGYRIS, Chris; BARTOLOMÉ, Fernando; ROGERS, Carl R. *Comunicação eficaz na empresa*. Rio de Janeiro: Campus, 1999.

ATKINSON, William Walker. *A força do pensamento:* sua ação na vida e nos negócios. São Paulo: Pensamento, 1992.

BANDLER, Richard. *Usando sua mente:* as coisas que você não sabe. São Paulo: Summus, 1987.

BANDLER, Richard; GRINDER, John. *A estrutura da magia*. São Paulo: LTC, 1994.

BEKIN, Saul Faingauss. *Conversando sobre endomarketing*. São Paulo: Makron Books, 1995.

_____. *Endomarketing:* como praticá-lo com sucesso. São Paulo: Makron Books, 2003.

BRUM, Analisa de Medeiros. *Endomarketing como estratégia de gestão*. Porto Alegre: L&PM, 1998.

_____. *Respirando endomarketing*. Porto Alegre: L&PM, 2003.

CAHEN, Roger. Tudo o que seus gurus não lhe contaram sobre comunicação empresarial. São Paulo: Nova Cultural, 1990.

CAMPBELL, J. *O poder do mito*. Tradução de Carlos Felipe Moisés. São Paulo: Palas Athena, 1988.

CERQUEIRA, Wilson. *Endomarketing:* educação e cultura para a qualidade. Rio de Janeiro: Qualitymark, 1999.

COBRA, Rubem Queiroz. *Comportamento:* minhas teorias favoritas. página anexa a "Filosofia Moderna", Internet. São Paulo: 1998. Disponível em: <www.cobra.pages.nom.br/educon.html>

COVEY, Stephen R. *Os 7 hábitos compactos das pessoas altamente eficazes – confiança:* compartilhe idéias, insights e percepções. São Paulo: Ed. Negócio, 2003.

FERGUSON, M. *A conspiração aquariana*. Rio de Janeiro: Record, 1992.

FINCH, Lloyd C. *Cortesia ao telefone e atendimento ao cliente*. Rio de Janeiro: Qualitymark, 1999.

FRANK, Milo O. Como apresentar as suas idéias em 30 segundos ou menos. Rio de Janeiro: Record, 1986.

GADE, Christiane. *Psicologia do consumidor e da propaganda*. São Paulo: Ed. Pedagógica e Universitária, 1998.

GERSON, Richard F. *A Excelência no atendimento a clientes*. Rio de Janeiro: Qualitymark, 2001.

GIBLIN, Les. *Como ter segurança e poder nas relações com as pessoas*. São Paulo: Maltese, 1989.

GOLEMAN, Daniel. *Inteligência emocional*. Rio de Janeiro: Ed. Objetiva,1995.

JAWORSKI, Joseph. *Sincronicidade: O caminho interior para a liderança*. São Paulo: Best Seller, 1998.

KOTLER, Philip. *Administração de marketing*. São Paulo: Makron Books, 2000.

LEVITT, Theodore. *A miopia de marketing*. São Paulo: Atlas, 1989.

LOVELOCK, Christopher; WRIGHT, Lauren. *Serviços, marketing e gestão*. São Paulo: Saraiva, 2003.

MALDONADO, Maria Tereza; CANELLA, Paulo. *Recursos e relacionamento para profissionais de saúde*. Rio de Janeiro: Reichmann & Affonso, 2003.

MANDINO, Og. *O maior vendedor do mundo*. Rio de Janeiro: Record, 1968.

McCORMACK, Mark H. *O que não se ensina em Harvard Business School*. São Paulo: Harper & Row, 1985.

MORGAN, Marlo. *Mensagem do outro lado do mundo*. Rio de Janeiro: Rocco, 1995.

MULLER, L. *O herói*. São Paulo: Cultrix, 1993.

NIRENBERG, Jesse S. *A psicologia da comunicação*. São Paulo: Ibrasa, 1981.

O'CONNOR, Joseph; SEYMOUR, John. *Introdução à programação neurolingüística:* como entender e influenciar as pessoas. São Paulo: Summus, 1995.

PENTEADO, Nelly Beatriz M. P. *Programação neurolingüística.*. São Paulo: 1998. Disponível em: <www.geocities.com/nellypenteado>.

PETERS, Diane McFerrin; ROSENBLUTH, Hal F. *O cliente em segundo lugar:* coloque seu pessoal em primeiro lugar. São Paulo: Makron Books, 2004.

PILARES, Nanci Capel. *Programação neurolingüística:* instrumento facilitador da comunicação e relacionamento. São Paulo: apostila do curso Programação Neurolingüística, 1989.

RAUDSEPP, Eugene. *Arte de apresentar idéias novas*. São Paulo: Fundação Getúlio Vargas, 1986.

ROBBINS, Anthony. *Poder sem limites:* o caminho do sucesso pessoal. São Paulo: Best Seller, 1987.

SHINYASHIKI, Roberto T. *A Revolução dos Campeões*. São Paulo: Ed. Gente, 2000.

SOARES, Regina Maria Freire e PICCOLOTTO, Leslie. *Técnicas de Impostação e Comunicação Oral*. São Paulo: Edições Loyola, 1991.

TANNEN, Deborah. *Você simplesmente não entende:* o difícil diálogo entre homens e mulheres. São Paulo: Best Seller, 1991.

TAVARES, Clóvis. *Porque é importante sonhar*. São Paulo: Ed. Gente, 1999.